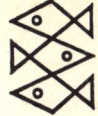

Über dieses Buch Die amerikanische Psychoanalytikerin Karen Horney hat in ihrem letzten Lebensjahr Vorlesungen über psychoanalytische Technik gehalten, die sowohl für auszubildende wie für bereits praktizierende Psychotherapeuten bestimmt waren. Die überarbeiteten Texte dieser Vorlesungen liegen mit diesem Band vor; sie sind mit einer Einführung und Anmerkungen des Herausgebers und Erinnerungen eines Schülers von Karen Horney versehen. Die Vorlesungen dienten ausdrücklich nicht dem Ziel, »psychoanalytische Technik zu lehren«, sondern sollten vielmehr denjenigen Zuhörern behilflich sein, »die bei der Durchführung von Analysen eigene Wege gehen möchten«. Karen Horney hat vergleichsweise wenig über psychoanalytische Technik geschrieben. Insofern sind die Vorlesungen von besonderem Reiz, auch wegen der Klarheit und Bildkräftigkeit der Sprache, zu deren Verständnis es keiner Fachausbildung bedarf.

Die Autorin Karen Horney (1885–1952), in Hamburg geboren, studierte in Berlin Medizin. 1932 ging sie in die Vereinigten Staaten. Die Schülerin Karl Abrahams war in Amerika eine der führenden Vertreterinnen der Neopsychoanalyse. – Weitere Bücher von Karen Horney im Programm des Fischer Taschenbuch Verlages: ›Der neurotische Mensch unserer Zeit‹ (42002), ›Neue Wege in der Psychoanalyse‹ (42090), ›Unsere inneren Konflikte‹ (42104), ›Selbstanalyse‹ (42119), ›Neurose und menschliches Wachstum‹ (42143), ›Die Psychologie der Frau‹ (42246).

Karen Horney

Analytische Technik
Die letzten Vorlesungen

Herausgegeben von
Douglas H. Ingram

Aus dem Amerikanischen
von Bernadette Eckert

Fischer
Taschenbuch
Verlag

Deutsche Erstausgabe
Veröffentlicht im Fischer Taschenbuch Verlag GmbH,
Frankfurt am Main, Juni 1990
Titel der amerikanischen Originalausgabe
›Final Lectures‹
Veröffentlicht von W. W. Norton & Co., New York 1987
© 1987 Association for the Advancement of Psychoanalysis
of the Karen Horney Psychoanalytic Institute & Center
Für die deutsche Ausgabe
© 1990 Fischer Taschenbuch Verlag GmbH, Frankfurt am Main
Alle Rechte vorbehalten
Umschlaggestaltung: Buchholz / Hinsch / Hensinger
Gesamtherstellung: Clausen & Bosse, Leck
Printed in Germany
ISBN 3-596-42313-9

Inhalt

Einführung von Douglas H. Ingram 7
1. Die Aufmerksamkeit des Analytikers 11
2. Freie Assoziation und die Verwendung der Couch 25
3. Spezifische psychoanalytische Mittel
   zum Verständnis des Patienten 41
4. Schwierigkeiten und Abwehrmaßnahmen 54
5. Intellektueller Prozeß oder emotionales Erleben 69

Karen Horney – Erinnerungen
von Edward R. Clemmens 83
Anhang 90
Danksagung 97
Namen- und Sachregister 99

Einführung

Als ich noch Assistenzarzt war, ermutigte mich ein Freund, Karen Horneys Buch *Unsere inneren Konflikte* (Fischer Taschenbuch 42104) zu lesen. Meine erste Reaktion war Belustigung und Überraschung, denn der Nachname der Autorin (»Hörnchen«) klang für mich seltsam. Außerdem hatte ich an Psychiatrie und psychoanalytischer Theorie kein spezielles Interesse: Psychoanalyse war für mich etwas Geheimnisumwobenes, eher Bizarres. Als ich mich dann doch in das Buch vertiefte, war ich äußerst verblüfft.

Mit dem Werk Karen Horneys noch nicht vertraute Leser werden immer wieder von Selbsterkenntnissen überrascht. In Horneys Büchern finden sie ihre eigenen geheimen Wünsche wieder, ihre Ängste, Zweifel, ihre Triebhaftigkeit und ihre Konflikte. Karen Horneys beeindruckende Persönlichkeitstheorie, ihre klare direkte Sprache und ihr Mut, von den Hauptströmungen der Psychoanalyse abzuweichen, wirkten belebend auf die heutige Psychotherapie. Ihre Theorie der weiblichen Psychologie stellte ein notwendiges Korrektiv dar zu der phallozentrischen Metapsychologie, die in den dreißiger Jahren den Ton angab.

Vor allem an der Darstellung der neurotischen Persönlichkeit interessiert, hat sie vergleichsweise wenig über die Technik der psychoanalytischen Therapie geschrieben. An dem von ihr gegründeten Institut zur Ausbildung von Ärzten hat Karen Horney jedoch Vorlesungen über analytische Technik gehalten. Nach ihrer Überzeugung muß sich das, was der Analytiker tut, aus dem entwickeln, was er versteht. Der Einfluß ihrer Lehre auf Generationen von Psychoanalytikern und deren Patienten und ihr Beitrag zu den Entwicklungen in der Psychotherapie sind ein ausreichender Grund für die Veröffentlichung des überarbeiteten Textes ihrer letzten Vorlesungen über analytische Technik.

Karen Horneys Hauptverdienst war, daß sie dabei mitgewirkt hat, die Psychoanalyse von einer starr mechanistischen Triebkonzeption zu befreien, die in der ersten Hälfte dieses Jahrhunderts maßgebend war. Als Alternative bot sie vor allem eine interpersonale Kulturtheorie an, nach der sich die Menschen in ihren Beziehungen zu anderen Menschen entwickeln, die innerhalb eines kulturellen Umfeldes leben. Horney vertrat die Auffassung, daß wir einander mit einer unermeßlichen Vielfalt an häufig miteinander in Konflikt stehenden Wertvorstellungen und Einstellungen entgegentreten – nämlich darüber, wie Dinge erscheinen, darüber, was komisch oder tragisch, was normal oder krank, was schön oder häßlich, und was nur falsch ist, im Gegensatz zu dem, was unaussprechlich ist. Psychisch gesund, internalisieren wir diese Einstellungen und Werte und werden so in die Lage versetzt, Weltanschauungen miteinander mehr oder weniger zu teilen und dennoch unsere eigenen inneren Entwicklungsmöglichkeiten zu realisieren. Neurosen und andere Formen von Psychopathologie untergraben diesen Prozeß.

Horney war eine von vielen psychoanalytischen Theoretikern, die den Wandel der Psychoanalyse von einer Triebtheorie zur interpersonalen Kulturtheorie vorangetrieben haben. Harry Stack Sullivan, Erich Fromm und Clara Thompson gehörten ebenfalls dazu. Unter ihrem Einfluß entwickelten sich aus dem konventionellen Freudschen Denken die Ich-Psychologie, die Theorien über die Objektbeziehungen und die transkulturelle Psychiatrie. Jahrzehnte später sollten wesentliche Aspekte der zentralen Einsichten Horneys, nämlich der neurotische Stolz und das idealisierte Selbst, in der Bewegung der Selbst-Psychologie einen Widerhall finden.

In den folgenden Vorlesungen werden Sie als Leser an einem Kurs über psychoanalytische Technik teilhaben, die im *Catalogue of the American Institute for Psychoanalysis* offiziell als »Psychoanalytische Therapie« bezeichnet wird. Im *Catalogue* (Vorlesungsverzeichnis) wird die Veranstaltung kurz vorgestellt: »Diese Vorlesungen verfolgen nicht die Absicht, psychoanalytische Technik zu lehren, sondern es sollen Überlegungen angestellt und diskutiert werden, die für die Zuhörer hilfreich sein können, die bei der Durchführung von Analysen eigene Wege gehen möchten.« Tatsächlich wich Karen Horney vom festgelegten Vorlesungsplan ab, offenbar um jene Themen zuerst zu behandeln, die sie für wesentlich erachtete. An Krebs erkrankt, konnte sie den Kurs nicht zu Ende führen.[1] Obwohl der Kurs sich an Kandidaten richtete, die mindestens zwei Jahre Ausbildung in Theorie und Praxis der Psychoanalyse hinter sich hatten, ist die Sprache Karen Horneys von einer Klarheit, die ihre Überlegungen auch jenen zugänglich macht, die nicht über eine solche Ausbildung verfügen.

Über den Inhalt ihrer Überlegungen hinaus lassen die Vorlesungen die persönliche Unmittelbarkeit Karen Horneys spüren. Um die Intensität ihres persönlichen Auftretens zu vermitteln, schließt dieses Buch mit den Erinnerungen von Edward R. Clemmens, einem ihrer Studenten in den fünfziger Jahren.

Wir wollten vor allem einer breiten, gebildeten Leserschaft einen profunden und dabei doch leicht zugänglichen Einblick in die Überlegungen einer hervorragenden Psychoanalytikerin zur analytischen Technik anbieten. Um den Sprachfluß nicht zu stören, haben wir Anmerkungen zu den Vorlesungen, die den Bedürfnissen professioneller Psychotherapeuten entgegenkommen, in den Anhang gestellt. Das Seminar hat am 15. September 1952 begonnen; es fand jeweils am Montagabend um 20.30 Uhr statt. Die Vorlesungen dauerten eine oder eineinhalb Stunden. An ihnen haben nicht nur viele Ausbildungskandidaten teilgenommen, sondern auch erfahrene Psychoanalytiker. Bei der Lektüre dieses Buches können wir wie sie den Ausführungen einer hervorragenden Psychoanalytikerin über die Arbeitsprinzipien lauschen.

New York 1986   Douglas H. Ingram, M. D.

1. Die Aufmerksamkeit des Analytikers

Zur Teilnahme an diesem Seminar sind nur fortgeschrittene Ausbildungskandidaten unseres Instituts zugelassen. Das bedeutet, wir sind eine angenehm kleine Gruppe, die eine ausführliche Diskussion gestattet. Ich habe auch die Hoffnung, daß diese Vorlesungsreihe mehr zu sein vermag als lediglich ein Vortrag von mir und daß wir diese Veranstaltung als eine Art Forschungsprojekt betrachten können, das uns dem Ziel näherbringt, die Grundregeln der psychoanalytischen Technik weiterzuentwickeln.[1] Ich habe nicht den mindesten Zweifel daran, daß es genügend Gründe gibt, mit der Effektivität unserer Therapie unzufrieden zu sein. Deshalb müssen wir alle nach Wegen suchen, sie – ich will nicht unbedingt sagen: abzukürzen, obwohl wir auch das anstreben – vor allem im Sinne von mehr Effektivität zu beschleunigen, in der Therapie schneller zum Kern des Problems vorzudringen und mehr Hilfe zu bieten.

Ich glaube, das Seminar wird Ihnen andererseits um so mehr bieten, je weniger falsche Erwartungen Sie haben. Bereits mit meinem Kommentar im Vorlesungsverzeichnis des Instituts habe ich versucht die Erwartungen herabzuschrauben, speziell mit dem Hinweis, daß dieses Seminar nicht darauf abzielt, Technik zu lehren. Das war keine falsche Bescheidenheit von mir, denn ich bin davon überzeugt, daß wir psychoanalytische Technik nicht lehren können, und ganz gewiß nicht in einer Reihe von Vorlesungen. Vergleichen Sie zum Beispiel eine Folge von Vorlesungen mit einer analytischen Supervision, in der ein Ausbildungskandidat seine Arbeit mit einem Patienten in regelmäßigen, kurzen Abständen einem Kontrollanalytiker vorträgt.

In der analytischen Supervision können Sie konkrete Probleme ansprechen, die in der Therapie eines bestimmten Patienten auftauchen. Nehmen wir beispielsweise an, Sie haben einen Patienten, der ständig zu spät zur Stunde kommt und dafür plausible Erklärungen anbietet, mit denen er selbst zufrieden ist. Damit haben Sie einen konkreten Fall. In der Supervision können Sie und Ihr Kontrollanalytiker die spezifischen Probleme herausarbeiten, die dabei beteiligt sein könnten. Hier, in unserem Seminar, können wir uns nicht mit solch konkreten Fällen beschäftigen. Wir können uns hier nur dem umfassenderen Thema der widerstrebenden Kräfte und Blockaden zuwenden, die im Zuspätkommen und im Widerstand gegen das Erkennen seiner Bedeutung lediglich ihren Ausdruck finden. Wir werden in diesem Seminar also viele Themen diskutieren, einschließlich der allgemeinen Frage nach den Widerständen, nach ihrer Bedeutung und ihrer Handhabung. Darin besteht der Unterschied zwischen dem, was diese Vorlesungen Ihnen bieten können, und dem Nutzen, den Sie aus Ihrer anderen Arbeit am Institut ziehen können.

Selbstverständlich werde ich einige Beispiele anführen, wenn wir solche grundlegenden Fragen behandeln. Ich hoffe, Sie werden selbst auch einiges zur Veranschaulichung beitragen. Das macht die Dinge stets klarer. Nichtsdestotrotz werden wir im großen und ganzen auf der allgemeinen Ebene bleiben. Ich betone das deshalb, weil ich bislang noch keine Seminarkritik von Studenten erlebt habe, bei der nicht der verzweifelte Ruf nach mehr klinischen Beispielen aufgetaucht ist. Das ist auch in Ordnung so. Ich verstehe das. Man muß unbedingt klar und konkret sein, will man etwas veranschaulichen. Aber ich denke auch an das, was sich hinter diesem Ruf nach klinischen Beispielen verbergen könnte: Oft ist es die Hoffnung, daß ein konkretes Beispiel dem Ausbildungskandidaten bei einem aktuellen Problem helfen könne. Obwohl ich hoffe, daß Sie durch Rückschlüsse aus dem im Seminar angebotenen Material etwas lernen können, ist es nicht unser Ziel, bei konkreten Schwierigkeiten mit Ihren Patienten Hilfestellungen zu geben.

Eine Bemerkung noch zu den persönlichen Schwierigkeiten. Wie Sie wissen, sind unsere eigenen neurotischen Schwierigkeiten eines der bedeutsamsten Handikaps bei unserer analytischen Arbeit. Um es zu wiederholen, bei Ihrer analytischen Arbeit unter Supervision können Sie sich mit Ihren persönlichen Problemen auseinandersetzen, indem Sie sie mit dem Kontrollanalytiker bearbeiten und herausfinden, inwiefern sie den Verlauf der Analyse beeinflussen. Hier, in diesem Seminar, werden wir solche Probleme auch untersuchen, allerdings nur in großen Zügen. Wir werden zwei Stunden dafür ansetzen und zu klären versuchen, worin die Bedeutung persönlicher Beobachtungsfehler beim Psychoanalytiker besteht. Noch einmal, es liegt bei Ihnen, aus unseren allgemeinen Erläuterungen für sich selbst spezifische Schlüsse zu ziehen.

Schließlich möchte ich noch einige allgemeine Überlegungen anstellen, die sowohl für die Supervision als auch für dieses Seminar Gültigkeit haben. Technik kann nur bis zu einem bestimmten Umfang gelehrt werden, weil sie letzten Endes von innerer Freiheit, Geschicklichkeit und Fingerspitzengefühl abhängig ist. Das sind alles wichtige Komponenten, und sie müssen in Betracht gezogen werden, wenn man über eine effektive analytische Technik nachdenkt. Aber sie können nicht gelehrt werden.

Ich werde nun mit einem Kapitel beginnen, das recht vage ist und das ich auch beim besten Willen nicht klarer umreißen kann. Nichtsdestoweniger bildet es die Grundlage einer guten Arbeit: die Aufmerksamkeit des Analytikers und ihre Qualität.

Viele Dinge gehören dazu oder sind Voraussetzungen, um gute analytische Arbeit leisten zu können. Zum Beispiel der gesamte Bereich des Verstehens, der Deutung zur rechten Zeit und im rechten Geist, ob man ein Gefühl für Träume hat und so weiter und so fort. Aber selbst für diese Grundvoraussetzungen ist eine bestimmte Art von Aufmerksamkeit gegenüber dem Patienten von ausschlaggebender Bedeutung. Ich glaube, man kann drei Kategorien unterscheiden, mit denen wir die Art der Aufmerksamkeit beschreiben können. Zum Teil überlappen sie sich, oder, um es anders zu formulieren, sie repräsentieren verschiedene Aspekte derselben Sache: Die drei Kategorien der Aufmerksamkeit sind volle Intensität, Umfänglichkeit und Produktivität. Jede Kategorie werde ich kurz erläutern.[2]

Daß die Aufmerksamkeit so intensiv sein soll, mag als banal, abgedroschen und selbstverständlich erscheinen. Ich glaube aber, daß volle Aufmerksamkeit in dem Sinne, wie ich sie verstehe, recht schwer zu erreichen ist. Ich meine die Fähigkeit, sich voll auf seine Tätigkeit zu konzentrieren, sich in seine Tätigkeit zu versenken, mit all seinen Möglichkeiten und Begabungen in der Situation ganz präsent zu sein – und alles voll auf die Arbeit bezogen.

Für diese Fähigkeit haben Orientale eine weit ausgeprägtere Gabe als wir. Außerdem sind sie darin viel geübter. In der Regel haben wir nicht gelernt, uns ohne weiteres zu konzentrieren. Die Orientalen müssen sich bei ihren geistigen Exerzitien, Körperhaltungen, bei Atemübungen, Meditation und Yoga sehr häufig konzentrieren. Es ist offensichtlich, daß die Fähigkeit zur Konzentration äußerst wichtig ist und daß sie geschult werden kann. Zur Veranschaulichung werde ich Ihnen in der nächsten Sitzung ein kleines Beispiel aus einem Buch über Zen-Buddhismus vorlesen. Volle Intensität der Konzentration bedeutet, daß alle unsere Geisteskräfte ins Spiel kommen: bewußtes Denken, Intuition, Gefühle, Wahrnehmung, Neugier, Neigungen, Sympathie, der Wunsch zu helfen oder was auch immer.

Man kann ziemlich einfach feststellen, wann diese volle Intensität, diese Konzentration auf den Patienten nicht vorhanden ist: wenn sie abgelenkt werden kann. Das ist bereits etwas, was sicher trainiert werden kann. Ablenkungen können sich aus persönlichen Sorgen ergeben. Wenn Ihre Frau, Ihr Mann oder Ihr Kind krank sind, fühlen Sie sich vielleicht beunruhigt. Ich bin der Meinung, es ist besser, eine analytische Sitzung ausfallen zu lassen, wenn die innere Ablenkung so stark ist, daß Sie nicht arbeiten können. Allerdings kann man durch Selbstdisziplin erreichen, daß die Konzentration auf die Arbeit dennoch möglich ist.

Nicht abgelenkt zu sein, das bedeutet in einem tieferen Sinne auch, nicht durch eigene neurotische Anteile abgelenkt zu werden. Mit einer Ausnahme: Wenn neurotische Störungen die Form von Irritierbarkeit, Verärgerung, Müdigkeit oder dergleichen annehmen, ist es, glaube ich, am besten, diese Störungen erst einmal nur zur Kenntnis zu nehmen, um sie später genauer zu untersuchen. Wenn sie akut stören, kann man den Versuch einer sofortigen, kurzen Analyse unternehmen. Natürlich kann man in einer Minute nicht gar soviel überdenken. Wenn die Störungen jedoch sehr stark sind, lohnt sich der Versuch einer sofortigen Analyse dennoch. Schließlich sind Sie selbst das Instrument, mit dem Sie arbeiten. Deshalb sind Sie verpflichtet, sich selbst in einer guten Verfassung zu halten, und zwar auf jede Art, die nötig ist. Volle Intensität der Aufmerksamkeit bedeutet, sich ganz in den Dienst des Patienten zu stellen, sich in gewisser Weise sogar selbst zu vergessen.

Das klingt vielleicht widersprüchlich: mit allen Fähigkeiten präsent zu sein und sich trotzdem selbst zu vergessen. Wenn Sie jedoch an all jene Situationen denken, in denen jemand mit äußerster Effektivität handelt, werden Sie feststellen, daß darin kein Widerspruch liegt. Beim nächsten Mal werde ich Ihnen eine Passage vorlesen, in der Goethes Freund Eckermann einen Kellner beschreibt, der bei der Bedienung einer großen Festtafel nahezu unglaubliche Leistungen vollbrachte, die nur möglich waren, weil er ganz und gar präsent war und all seine Kräfte auf die eine Aufgabe konzentrierte. Und dennoch hatte er gleichzeitig sich selbst und seine persönlichen Belange vergessen.

Ein weiterer Aspekt voller Aufmerksamkeit ist uneingeschränkte Aufnahmefähigkeit, die Fähigkeit, alles in sich einströmen lassen zu können. Arbeiten Sie an jenen Vorstellungen, die sich bei Ihnen einstellen, auf jede Art und Weise, die Ihnen zur Verfügung steht. Solche Vorstellungen resultieren manchmal aus klugem, scharfem Nachdenken, aber sie können auch das Ergebnis von Vorgängen sein, die sich von selbst zusammenfügen. Diese Art von Konzentration, von der ich spreche, bezieht auch Ihre Gefühle mit ein und ist nicht bloß kalte, losgelöste Beobachtung. Uneingeschränkte Rezeptivität bedeutet, mit all Ihren Gefühlen dabei zu sein.

Ich spreche von Gefühlen, die sich auf Ihre Patienten beziehen – im Idealfall. Um es zu wiederholen, diese Aussage scheint im Widerspruch zu stehen zu dem, was ich anfangs über das Sich-selbst-Vergessen gesagt habe: selbstvergessen, aber mit allen Gefühlen präsent zu sein. Und doch, Sie wissen, daß man von einem Bild, einer Komposition, von einem Theaterstück, der Natur – oder was auch immer – emotional gefangengenommen sein und sich gleichzeitig beinahe vergessen kann. Uneingeschränkte Aufnahmefähigkeit umfaßt demnach die vollständige Präsenz, alle positiven oder negativen Gefühle gegenüber dem Patienten, Zuneigung oder Abneigung, Sympathie, Enttäuschung, Hoffnung, Furcht, Sorge, den Wunsch zu helfen. Als Rat kann ich Ihnen nur sagen, alle auftauchenden Empfindungen zuzulassen und dann zur rechten Zeit der Betrachtung zu unterziehen.

Die zweite Qualität der Aufmerksamkeit besteht darin, daß die Wahrnehmung, jede mögliche Wahrnehmung, umfassend sein sollte. Nun, Freud hat diesen Punkt bereits sehr klar dargestellt, als er die freie Assoziation des Analytikers beschrieb, die er als Äquivalent einer umfassenden Wahrnehmung ansah, einer Wahrnehmung, die nichts ausläßt – ohne zu verfälschen und ohne zu selektieren.

Diese Art der Wahrnehmung ergibt allerdings erst dann einen Sinn, wenn wir einen weiteren Faktor hinzufügen, nämlich: *Wählen Sie nicht zu früh aus*. Ich erinnere mich nicht, ob Freud es explizit so formuliert hat, aber andernfalls würde seine Auffassung einfach keinen Sinn ergeben. Sie müssen auswählen. Sie sind weder ein Fotoapparat noch ein Tonbandgerät. Nebenbei bemerkt, es würde Ihnen auch gar nichts nützen, wären Sie es. Wenn Sie zum Beispiel verstehen wollen, was sich gerade abspielt und was der Patient sagt, und Sie sich fragen: »Was beunruhigt ihn?« und: »Worin besteht die Verbindung zwischen diesem und jenem aus der vergangenen Stunde und der heutigen Sitzung?« – durch all das treffen Sie eine Auswahl. Sie wollen herausfinden, was wesentlich ist.

Die Aufforderung, alles in sich einströmen zu lassen, kann also nur bedeuten: *Nicht zu früh auszuwählen.* Warum? Weil Ihnen häufig gerade ein kleines, unauffälliges Detail einen Anhaltspunkt liefern kann. Betrachten Sie zum Beispiel eine Sitzung aus meiner Arbeit mit einer Frau, in der sie über ihre Unentschlossenheit sprach. Plötzlich verkündete sie: »Ich habe übrigens meine Buchung für ein Schiff nach Italien rückgängig gemacht.« Zuerst dachte ich, sie sei irgendwie zerstreut, wie das oft bei ihr der Fall ist, aber dann habe ich auch diese Bemerkung berücksichtigt. Ich erkannte, daß die plötzliche Bemerkung ihre Art und Weise war mir mitzuteilen, daß sie alles hinausschob. Das führte uns zu dem gesamten Bereich ihres provisorischen Lebensstils, zu ihrer Abneigung, Verpflichtungen einzugehen, zu ihrem Wunsch, nur für den Augenblick zu leben. Sie versäumte ihr Lebensschiff.

Aus Ihrer eigenen klinischen Erfahrung können Sie diesem Beispiel leicht noch weitere hinzufügen. Wie in diesem Fall mögen solche Beispiele recht unbedeutend erscheinen, sie können Ihnen aber dennoch die Richtung aufzeigen oder, wenn Sie genau zuhören, ein Gefühl dafür vermitteln, daß Ihr Patient über etwas beunruhigt ist. Sie wissen nicht, ob er etwas zurückhält, ob er wirklich beunruhigt ist, ob ihn etwas quält, was ihm noch nicht klar ist. Was immer es ist, Sie haben ein Gefühl davon. Dieses Gefühl kann sehr wichtig sein. Wenn Sie ihm keine Aufmerksamkeit schenken, können auch Sie in dieser Stunde das Schiff versäumen und nicht erkennen, was vor sich geht. Die Angelegenheit verlangt nach Wiederholung: Lassen Sie alles, einschließlich Ihrer eigenen Empfindungen, in sich einströmen, ohne zu früh auszuwählen oder zu interpretieren. Andernfalls könnten Sie etwas übersehen.

Störungen der vollen Aufmerksamkeit ergeben sich am häufigsten aus persönlichen Faktoren, mit denen wir beginnen wollen. Es kann sein, daß Sie irgend etwas nicht beachten, dessen Sie aus persönlichen Gründen nicht gewahr werden. Nehmen wir an, ein Patient ist ängstlich. Es kann sein, daß Ihnen nicht bewußt wird, wie groß seine Angst ist. Das mag an persönlichen Gründen liegen oder an persönlichen blinden Flecken, wie man sie auch nennen könnte.

Ein weiterer, die volle Aufmerksamkeit des Analytikers beeinträchtigender Faktor, steht im Zusammenhang mit einer zu frühen

Deutung. Sie können beispielsweise mit vorgefaßten Ansichten zuhören – und glauben Sie nicht, daß es nur Freudianern so geht, obgleich es sicherlich für sie besonders gilt. Ich erinnere mich an die Zeit, als ich noch auf der Grundlage des Freudschen Modells analysierte, eine Zeit, in der ich es nicht für nötig hielt, so aufmerksam zuzuhören, wie ich mich heutzutage bemühe. Wir waren damals schnell bei der Hand mit voreiligen Verbindungen wie dem vermeintlichen Zusammenhang von passiver Homosexualität und dem Umstand, von einer älteren Frau geboren worden zu sein, zwischen Geschwisterrivalität und Konkurrenz und so weiter und so fort. Andere zu kritisieren ist aber immer ziemlich einfach. Fragen wir uns lieber, ob wir nicht dazu neigen, genauso zu handeln: Sind wir nicht vorschnell mit der Frage: »Welche Art von Stolz oder Selbstverachtung kommt hier zum Ausdruck?« Ich denke, auch wir haben unsere Klassifizierungen und Kategorien. Ich hoffe zwar, daß es bessere Kategorien sind, aber wenn Ihre Aufmerksamkeit gegenüber dem Patienten zu früh von diesen Kategorien geleitet wird, dann achten Sie nicht mehr auf das, wovon die Rede ist. Dann nehmen Sie nicht mehr alles auf.[3]

Lassen Sie mich das Ganze noch einmal unter einem subjektiven Blickwinkel formulieren. Damit meine ich das Bedürfnis des Analytikers, alles rasch zu erkennen und zu verstehen. Dieses Problem kann bei jeder Theorie auftauchen. Wenn man alles schnell erkennen und verstehen will, kann es sein, daß man gar nichts sieht. Ich spreche nicht nur von der Notwendigkeit, dem Patienten Deutungen zu geben. Wenn Sie aufgrund Ihrer Unsicherheit oder Ihres intellektuellen Stolzes einen geistigen Halt brauchen, dann kann für Sie eine prompte Etikettierung, ein rasches Verstehen wohl notwendig sein; das bedeutet aber, daß Ihre Fähigkeit, umfassend zuzuhören, darunter leiden wird. Dennoch ist es trotz solcher Hindernisse möglich, alles in sich einströmen zu lassen. Man kann das lernen. Diese Art der Aufmerksamkeit können wir durch unsere klinische Erfahrung und in den Seminaren lernen, an denen wir im Laufe der Jahre teilnehmen.

Aber Aufmerksamkeit für was? Da Sie weder ein Fotoapparat noch ein Tonbandgerät sind, ist irgendeine Form von Selektion unausweichlich. Sie wird Ihnen helfen, geradeso, als schauten Sie durch ein Mikroskop, sich eine Vorstellung davon zu machen, was wichtig ist und was Sie zu beachten haben. Nochmals, ich kann hier nur in sehr allgemeinen Kategorien sprechen, Kategorien, die ich an dieser Stelle nur erwähne, weil wir auf die meisten ohnehin wieder zurückkommen werden.

Die erste dieser Kategorien kann man als »allgemeine Beobachtungen« bezeichnen. Diese sind von äußerster Wichtigkeit, wie Sie in vielen Kursen gelernt haben – ich weiß, daß unter anderen Harold Kelman in seinen Vorlesungen über die Beurteilung von Patienten diesen allgemeinen Wahrnehmungen viel Beachtung zuteil werden läßt.[4]

Sie wissen, wieviel man lernen kann, wenn Sie sich nur vorstellen, um wieviel mehr ein Tänzer oder ein Sportlehrer aus der Haltung oder dem Gang eines Studenten erschließen kann als jemand, der in dieser Hinsicht nicht so geübt ist; oder um wieviel mehr ein Graphologe aus der Handschrift ersehen kann; oder um wieviel mehr ein Sprachlehrer an der Sprechweise eines Menschen erkennen kann. Ich erwähne dies, weil so deutlich wird, daß die Fähigkeit zu allgemeinen Beobachtungen trainiert werden kann. Das bedeutet nicht, daß wir uns in die Sprechausbildung oder in die ausführliche Beobachtung von Gangarten vertiefen müssen, es sei denn, diese Disziplinen sind für uns von besonderem Interesse. Dennoch, ganz allgemein kann die Fähigkeit zur Wahrnehmung geschult werden. Wir sind aber vor allem an Veränderungen des Gesichtsausdrucks, von Stimmungen interessiert, und es ist nicht nötig, hier all die endlosen Variationen des sprachlichen Ausdrucks und seine möglichen Veränderungen aufzuzählen. Auch wenn wir alles beiseite lassen, was wir auf jener spezifischen Beobachtungsgrundlage, nämlich aufgrund freier Assoziation, in Erfahrung bringen können, gibt es darüber hinaus noch sehr viel zu lernen, wenn wir die allgemeinen Eigenschaften eines Menschen beobachten und diese Eindrücke in uns aufnehmen. Ein Beispiel: Wir wollen unsere Aufmerksamkeit kritisch auf so allgemeine Eigenschaften wie Wahrhaftigkeit, Offenheit, Unbestimmtheit, Zerstreutheit, Mut, moralische Stärke und moralische Integrität richten. Verhält der Patient sich widersprüchlich, ohne es selbst zu bemerken? Zeigt er viel Nachsicht mit sich selbst? Welche Haltung hat er gegenüber Schmerz, Anstrengung und Angst? Diese allgemeinen Eigenschaften, deren Aufzählung sich leicht fortsetzen ließe, sind alle sehr wichtig. Was wir bei unseren Patienten beachten, haben wir aber sogar mehr noch bei uns selbst zu beachten.

Das heißt, Sie müssen Ihre Aufmerksamkeit sich selbst zuwenden, denn Sie sind das Werkzeug, mit dem Sie wahrnehmen, was vor sich geht. Wenn Sie interessiert sind oder uninteressiert, müde oder irritiert, hoffnungsvoll oder entmutigt – so sind all das Ihre eigenen Gefühle, die Ihnen mühelos die Richtung zeigen können, wie wir später noch ausführlich besprechen werden, wenn wir uns den persönlichen Beobachtungsfehlern des Analytikers zuwenden.[5]

Wir werden dabei auch die gesamte Haltung des Analysanden Ihnen gegenüber in Betracht ziehen müssen. Welche Einstellung hat er gegenüber Ihren Deutungen? Hat es Veränderungen in dieser Einstellung gegeben? Das alles verlangt unsere Aufmerksamkeit.

Volle Aufmerksamkeit schließt die Berücksichtigung aller Anstrengungen des Patienten ein, die er zu irgendeinem Zeitpunkt unternimmt. Daneben bedarf es der konstanten Aufmerksamkeit gegenüber den Störungen des Patienten und den Veränderungen dieser Störungen, einschließlich ihrer Besserung und Verschlechterung. Unter welchen Umständen treten sie zurück? Zu welchen Zeitpunkten stehen sie beim Patienten psychisch plötzlich im Vordergrund? Die Haltung des Patienten gegenüber seinen Schwierigkeiten ist ein wichtiger Punkt, über den wir in der vierten Sitzung sprechen werden, wenn die Abwehr des Patienten unser Thema sein wird. Wie Sie wissen, kann die generelle Haltung des Patienten gegenüber seinen Problemen oder gegenüber der Therapie im Dienste nahezu unersättlicher Wünsche stehen, Hilfe zu bekommen, Hilfe nötig haben, mehr Hilfe wollen, zu stolz sein, um Hilfe überhaupt anzunehmen, Probleme zu verleugnen, Probleme zu beschönigen, sich wegen der eigenen Probleme zu verurteilen, sich zu schämen, sich schuldig zu fühlen usw. usw. Will der Patient wirklich seine Schwierigkeiten überwinden oder will er etwas fortbestehen lassen? Es handelt sich dabei um eine große Bandbreite von Einstellungen, die außerordentlich wichtig sind und die zu den zahlreichen Faktoren gehören, auf die wir unsere Aufmerksamkeit richten wollen. Nun, diese Aufzählung ist nicht vollständig; viele andere Faktoren könnten noch aufgeführt werden, wie zum Beispiel die Aufmerksamkeit gegenüber Träumen. Aber wir werden diese weiteren Faktoren ausführlich behandeln, wenn wir über die freie Assoziation sprechen.

Die Zahl der Faktoren, auf die wir unsere Aufmerksamkeit richten sollten, ist bedrückend groß. Volle Aufmerksamkeit schließt wirklich alles ein, soviel, daß es beängstigend sein kann. Aber wie Sie wissen, ist daran nichts, worüber man wirklich erschrecken müßte. Nur der Anfänger fürchtet sich, und zu Recht. Sie sind in der glücklichen

Lage, bereits über das Stadium hinaus zu sein, das man als blutiges Anfängertum bezeichnen könnte. Es ist wie mit dem Autofahren. Wenn Sie damit anfangen, müssen Sie auf vieles achten, Geschwindigkeit, Richtung, Verkehrsregeln, Fußgänger, Ampeln, Batterie, Benzin – all das müssen Sie im Blick haben. Wenn man all diese Dinge aufzählt, erscheint das Lenken eines Autos äußerst schwierig. Dennoch, mit der Zeit wird das Fahren etwas Automatisches, weil Sie die verschiedenen Aufgaben so gut kennen. Fassen Sie das bitte nicht als leere Ermutigung auf. Diese Art der Entwicklung findet tatsächlich statt. Aber es geschieht noch etwas anderes: Je mehr man versteht, desto mehr Beobachtungen und Eindrücke fügen sich zusammen, und um so leichter wird es, sie aufmerksam zu verfolgen.

Nun denn, zur dritten Kategorie: die Produktivität der analytischen Aufmerksamkeit.

Ich denke doch, daß unsere Aufmerksamkeit produktiv sein sollte. Wenn ich die Aufmerksamkeit des Analytikers zuerst als so intensiv wie möglich, dann als umfassend beschrieben habe, dann wird sie höchstwahrscheinlich auch produktiv sein. Das soll heißen, sie wird all Ihre inneren Möglichkeiten herausfordern. Um es zu wiederholen, möglicherweise gehört es zu den schwierigsten Dingen überhaupt, produktive Aufmerksamkeit zu beschreiben. Sie ist jedoch von fundamentaler Bedeutung. Ich habe über einen Vergleich nachgedacht, um sie zu beschreiben. Als ich diese Vorlesung vorbereitete, kam mir eine Schilderung in den Sinn, die ich kürzlich wieder gelesen habe. Der Naturwissenschaftler William Henry Hudson beschreibt darin die Patagonische Tafel.[6] Auf den ersten Blick mag das patagonische Flachland vielen Menschen als öde erscheinen. Es gibt keine Berge, keine stürmischen Meere, keine prachtvolle Üppigkeit der Vegetation. Es ist alles ziemlich eintönig. Und doch war jenes Land für diesen Naturwissenschaftler bedeutungsvoll. Bedeutungsvoll deshalb, weil die Landschaft alles besaß, was ihn selbst ausmachte, und so konnte er sie wahrhaft meisterlich beschreiben.

Die Bedeutung der Patagonischen Tafel bestand für den Autor darin, daß sie ihn beflügelte. Sie brachte ihm zu Bewußtsein, daß wir nicht so eingeschränkt sein müßten, daß es in unserer Seele eine Unendlichkeit gibt, eine unermeßliche Weite, während doch so überaus große Bereiche im Prozeß des Heranwachsens, der Zivilisierung und Domestizierung einengend sind. Auch wenn man nicht besonders neurotisch ist, kann man der Ansicht sein, daß so viele Dinge einschränkend oder einengend werden. Für den Autor war die patagonische Ebene noch Natur im ursprünglichen Zustand, war ihre Weite noch Natur in ihrer Unendlichkeit. Und weil diese Landschaft für ihn von äußerster Bedeutung war, war er in ihr voll präsent.

Übertragen Sie dieses Beispiel auf das, was sich in einer Analyse abspielen kann. Ich bin ziemlich sicher, daß zwei Analytiker oder sogar ein und derselbe Analytiker in unterschiedlichen Stimmungen höchst unterschiedliche Eindrücke von den Einlassungen eines Patienten während einer Sitzung haben können. Vielleicht denkt der Analytiker: »Das ist ja ganz schön langweilig. Er wiederholt sich nur.« Sie sehen, wenn Sie durch nichts angerührt werden, sind Sie in der Sitzung nicht wirklich präsent. Ich habe das zum Beispiel bei einer Supervision beobachten können, als ein Ausbildungskandidat mir berichtete, eigentlich sei nicht viel geschehen. Ich hingegen fand das, was der Patient sagte und was sich in der Sitzung abspielte, äußerst interessant. Es ist also die Frage, was die Dinge für Sie bedeuten, was Sie aus ihnen hervorholen. Wenn Sie versuchen, sich zu schulen, voll präsent und ganz bei der Sache zu sein, werden die Sitzungen mehr an Bedeutung gewinnen. Und wenn das geschieht, werden Sie umgekehrt auch viel mehr von dem verstehen, was sich abspielt.

Vielleicht haben Sie folgendes schon bei sich selbst beobachtet: Nehmen wir an, Sie haben dem Patienten bereits eine Weile zugehört und Sie sind nicht in der allerbesten Verfassung. Sie fühlen sich womöglich recht gelangweilt. Aus irgendeinem Grund wachen Sie jedoch in der Mitte der Stunde auf – und ich benutze den Ausdruck »aufwachen« hier im wörtlichen Sinne, wenn Sie wissen, was ich meine –, und plötzlich ist die Sitzung sehr interessant. Zu diesem Zeitpunkt werden Sie produktiv: Etwas ist plötzlich bedeutungsvoll. Dies ist ein Weg, die eigenartige Qualität der produktiven Aufmerksamkeit zu beschreiben.

Es gibt noch eine Möglichkeit, daß die produktive Aufmerksamkeit der Beobachtung ein wenig zugänglicher wird. Wenn Sie ganz und gar bei einem Patienten sind, machen Sie zuweilen die Erfahrung, daß Ihre inneren Quellen angezapft werden. Dieses oder jenes wird Ihnen in den Sinn kommen. Vielleicht etwas aus einem Theaterstück oder aus der Bibel, von einem anderen Patienten, vom gleichen Patienten aus einer anderen Stunde oder ein Detail Ihrer eigenen Erfahrungen. Sie können jedenfalls erleben, wie Ihre inneren

Quellen zu fließen beginnen. Diesen Teil produktiver Aufmerksamkeit kann man recht leicht empfinden und wahrnehmen.

Es gibt eine dritte Möglichkeit, die Produktivität von Aufmerksamkeit zu beschreiben. Es handelt sich dabei um etwas, das ich nur mittels einer Analogie deutlich machen kann. Ich habe dabei folgendes im Sinn: Wenn Ihre Aufmerksamkeit so intensiv wie möglich ist, werden sich die Dinge zusammenfügen. Ich kann das nur mit dem vergleichen, was sich zuweilen in der Nacht abspielt, so daß am nächsten Morgen die Dinge klar sind. Vielleicht haben sie im Traum eine feste Form angenommen. Es besteht kein Zweifel daran, daß im Schlaf, oder wenn wir nicht bewußt über etwas nachdenken, eine Aufhebung unserer geistigen Blockaden eintritt. Mehr kann ich dazu nicht sagen. Wenn Sie intensiv bei der Sache sind und Ihren Fähigkeiten erlauben, sich zu entfalten, werden sie sich ans Werk machen und etwas tun: Sie werden produktiv sein.

Die Produktivität der Aufmerksamkeit kann sich folglich ziemlich automatisch einstellen. Damit meine ich, etwas kommt ans Licht, eine neue Klarheit, möglicherweise nach Beendigung der Sitzung oder am nächsten Morgen, ein paar Tage später oder vielleicht schon während der Sitzung. Zuweilen wird irgend etwas Sie nur zum Nachdenken bringen. Aber es gibt einen prototypischen Verlauf, der dazu führt, daß sich die Dinge zusammenfügen, sich ordnen, ein Zusammenhang klar wird oder sich zumindest eine richtige Fragestellung ergibt.

Im Zusammenhang mit der Produktivität und der vollen Intensität von Aufmerksamkeit möchte ich die Frage erläutern, ob ich es für ratsam halte, sich Notizen zu machen. Wenn ich meine Ansichten über Notizen äußere, sagen die Leute für gewöhnlich: »Ja, aber...« Aus dem, was ich bislang gesagt habe, können Sie ganz sicher erschließen, was ich dagegen habe, ausgiebig Notizen zu machen. Ich kann mir nicht vorstellen, wie sich intensive Aufmerksamkeit und produktive Aufmerksamkeit einstellen sollen, wenn man gleichzeitig ängstlich jedes Wort aufschreibt.[7] Das geht einfach über meinen Horizont. Ich glaube, damit ist meine Einstellung geklärt.

Ich möchte heute mit einer Frage schließen, die zwar nicht von entscheidender Bedeutung ist, die aber, wenn überhaupt in diesem Seminar, dann jetzt gestellt werden sollte: »Ist analytische Therapie eine Wissenschaft oder ist es eine Kunst?« Die Antwort ist mir persönlich nicht so wichtig. Nennen Sie es so oder so, was zählt ist, daß die Analyse zum Verstehen führt. Lassen Sie uns diese Frage aber dennoch klären, zu unserem eigenen Nutzen und möglicherweise auch zum Vorteil für Auseinandersetzungen, in die wir geraten können.

Wenn Leute sagen, analytische Therapie sei nicht wissenschaftlich, haben sie gewöhnlich zweierlei im Sinn. Um zu verstehen, was sie meinen, sollte man sich ihre Argumente einmal bei Lichte besehen. Mit dem Begriff »wissenschaftlich« meinen sie häufig, daß der Forscher ein sogenannter objektiver Beobachter ist, soll heißen: ein Beobachter, der soviel wie möglich von sich selbst ausschaltet, fast wie ein Fotoapparat oder ein Tonbandgerät. Ich möchte dazu zwei Anmerkungen machen. Es besteht kein Zweifel daran, daß es Bereiche in der Forschung gibt, in denen diese Art von Objektivität notwendig ist. Nehmen wir an, jemand erforscht – aus welchen Gründen auch immer – die Puls- und Atemfrequenz im Zusammenhang mit Gemütsbewegungen. Denken Sie zum Beispiel an die Experimente, die Harold G. Wolff hier in New York, an der Payne Whitney Klinik, durchgeführt hat.[8]

Er hat untersucht, wieviel Magensaft bei bestimmten Gefühlen oder Gefühlsbereichen produziert wird. Bei Beobachtungen dieser Art, die einen sehr begrenzten Wert haben, sind sich die Leute im klaren darüber, worauf sie aus sind, und das ist natürlich ein Vorteil. Als Therapeuten können wir dazu nur sagen, daß es nicht ausreicht, ein kühler Beobachter zu sein. Wir können nur in dem Sinne zustimmen, wie Zen-Meister über das »Losgelöstsein« sprechen würden. Und was sie unter Losgelöstsein verstehen, ist nicht so einfach zu begreifen. Ein Teil jedoch ist einfach, nämlich: *Verfolge keine eigennützigen Ziele.* Sie würden sagen: Urteile über die Dinge, aber verurteile sie nicht. Man kann etwas gern mögen, ohne es unbedingt auch zu begehren oder besitzen zu wollen. Wenn wir uns hier auch nicht mit den Feinheiten beschäftigen wollen, ist es für uns wohl am einfachsten, es so zu formulieren: Beim Ausüben von Analyse sollte man keine eigennützigen Ziele, keine neurotischen Bedürfnisse verfolgen. In diesem Sinne stimmen wir möglicherweise mit der Vorstellung des objektiven Beobachtens überein. Doch das ist verschieden von dem, was gewöhnlich mit dem Ausdruck »objektives Beobachten« gemeint ist, das heißt, wenn damit der wissenschaftliche Ansatz beschrieben werden soll. Als Therapeut kann ich mir nicht vorstellen, wie kalte Objektivität möglich sein sollte.

Ich glaube, aus allem, was ich Ihnen heute vorgetragen habe, wird deutlich, wie ich über das Konzept wissenschaftlicher Objektivität und über die Aufmerksamkeit des Therapeuten denke. Sie können ein besserer Therapeut sein, wenn Sie mit allem, was Sie selbst ausmacht, bei der Sache sind. Vielleicht kann man überhaupt nur dann Therapeut sein. Ich sehe nicht ein, warum ich es vorziehen sollte, nur mit einem kleinen Teil meiner selbst zu arbeiten, wenn ich doch mit meiner ganzen Person arbeiten kann. Was die Exaktheit betrifft, so gibt es viele Möglichkeiten der Kontrolle.[9] Darüber mache ich mir keine Sorgen.

Zur Frage, ob die analytische Therapie Wissenschaft oder Kunst ist, lautet meine zweite Anmerkung: Wir stellen uns häufig vor, Wissenschaft könne erlernt werden, während Kunst sehr viel schwerer faßbar sei – entweder man habe Talent oder man habe keines. Ich glaube nicht, daß diese Unterscheidung haltbar ist. Wenn es auch Unterschiede in der Ausprägung der Talente gibt, die nötig sind, um erfolgreich Therapie zu betreiben, und obwohl diese Begabungen schwer zu definieren sind, gibt es doch viele, viele Möglichkeiten, sich die Technik anzueignen, um gute therapeutische Arbeit leisten zu können. An erster Stelle steht unser eigenes Bemühen, uns darin zu üben, die Aufmerksamkeit zur vollen Intensität zu entwickeln. Eine allgemeine Aussage darüber, daß Therapeuten begabt sind oder nicht, daß Technik gelernt werden kann oder nicht, stimmt nicht mit den Tatsachen überein.[10]

So, das mag als Einführung genügen. Das nächste Mal werden wir uns mit dem Thema der freien Assoziation befassen.

2. Freie Assoziation und die Verwendung der Couch

Meine Damen und Herren, das letzte Mal sprachen wir über die Aufmerksamkeit des Analytikers. Ich habe drei Punkte erörtert: volle Intensität, Umfänglichkeit und Produktivität der Aufmerksamkeit. Ich möchte Ihnen nun eine Passage aus einem Buch über Zen-Buddhismus vorlesen, in dem eine Passage aus den Gesprächen zitiert wird, die Eckermann mit Goethe geführt hat; aus dieser Textstelle wird die Qualität voller Intensität deutlich.[1] Ich glaube, darin werden alle oder fast alle wichtigen Punkte zusammengefaßt, über die wir das letzte Mal gesprochen haben. Dies ist der Passus:

»Mittags, an Table d'hôte, sah ich viele Gesichter, allein wenige von solchem Ausdruck, daß sie mir merkwürdig sein konnten. Der Oberkellner jedoch interessierte mich in hohem Grade, so daß denn meine Augen nur ihm und seinen Bewegungen folgten. Und wirklich, er war ein merkwürdiger Mensch! Gegen zweihundert Gäste saßen wir an langen Tischen, und es klingt beinahe unglaublich, wenn ich sage, daß dieser Oberkellner fast allein die ganze Bedienung machte, indem er alle Gerichte aufsetzte und abnahm, und die übrigen Kellner ihm nur zureichten und aus den Händen nahmen. Dabei wurde nie etwas verschüttet, auch nie jemand der Speisenden berührt, sondern alles geschah luftartig, behende, wie durch Geistergewalt. Und so flogen Tausend von Schüsseln und Tellern aus seinen Händen auf den Tisch und wiederum vom Tisch in die Hände ihm folgender Bedienung. Ganz in seine Intention vertieft, war der ganze Mensch bloß Blick und Hand, und er öffnete seine geschlossenen Lippen nur zu flüchtigen Antworten und Befehlen. Und er besorgte nicht bloß den Tisch, sondern auch die einzelnen Bestellungen an Wein und dergleichen; und dabei merkte er sich alles, so daß er am Ende der Tafel eines jeden Zeche wußte und das Geld einkassierte.«

Nun, das beschreibt die volle Intensität einer Person, die bei einer bestimmten Aufgabe ganz in dem aufgeht, was sie tut – unter Einsatz all ihrer Fähigkeiten, während sie gleichzeitig ihre persönlichen Belange völlig vergißt. Ich glaube, dieser Gedanke ist sehr schwer zu begreifen: zur gleichen Zeit höchst präsent und höchst abwesend zu sein. Das ist nicht nur eine schwer zu verstehende Vorstellung, sondern es ist auch schwierig, so zu sein oder so zu handeln. Die Beschreibungen sind Gemeinplätze des Zen, weil darin sein wesentlicher Kern enthalten ist. Mit allen inneren Möglichkeiten und Kräften bei einer Sache zu sein, macht nach den Vorstellungen des Zen die Essenz des Lebens aus. Aus der zitierten Passage von Eckermann können Sie das erkennen. Da war eine völlig alltägliche Situation, und man bemerkt, wie Phantasie und Aufmerksamkeit des Autors von der vollen Intensität des Kellners gefangengenommen werden. Aber natürlich wissen Sie, daß eine solche Intensität selten erreicht wird. Dennoch ist es gut, diese Intensität als Ziel oder Ideal vor Augen zu haben, um abschätzen zu können, wie nahe man ihr schon gekommen oder wie weit man noch davon entfernt ist. Manchmal ist es notwendig, sich selbst zu fragen, welche Faktoren einer vollen Aufmerksamkeit entgegenstehen.

Ich möchte noch etwas hinzufügen. Ohne Übung, Fachkenntnis und Erfahrung hätte sich der Kellner nicht in dieser Art und Weise verhalten können. Darauf müssen wir noch einmal zurückkommen. Ohne Training ist eine solche Effektivität ausgeschlossen. Mit Übung und Erfahrung wird dieser Grad an Aufgehen im eigenen Handeln zumindest möglich. In Hemingways *Der alte Mann und das Meer* gibt es viele Passagen, die ähnliche Situationen beschreiben, nämlich wie jemand vollständig in der jeweiligen Tätigkeit aufgeht.

Heute wollen wir über die freie Assoziation sprechen. Als ich diese Vorlesungen vorbereitete, habe ich wie gewöhnlich versäumt, einen Blick in das Veranstaltungsverzeichnis des Instituts zu werfen, in dem dieses Seminar beschrieben ist. Ganz automatisch habe ich den Kurs mit dem Thema der Aufmerksamkeit des Analytikers begonnen. Dann habe ich im Verzeichnis nachgesehen und entdeckt, daß das Thema »freie Assoziation« an erster Stelle aufgeführt ist. Ich glaube jedoch, daß viel für die veränderte Reihenfolge spricht, und ich habe es dabei belassen, denn sie entspricht ganz meinem Empfinden. Für uns als Analytiker ist die Aufmerksamkeit das wichtigste. Freie Assoziation ist das, was der Patient tun soll, was von ihm erwartet wird. Wie wir dem Patienten die Bedeutung der freien Assoziation vermitteln, ist sozusagen zweitrangig. Nehmen Sie diese Reihenfolge also als Ausdruck meiner Einschätzung dessen, was für den Analytiker an erster Stelle und was an zweiter Stelle steht, was für seine Aufgabe wesentlich ist und was nachgeordnet.

Was meinen wir mit freier Assoziation? Der Begriff hat eine historische Bedeutung, der ich nicht weiter nachgehen möchte. Sie steht im Zusammenhang mit der Entwicklung der psychoanalytischen Technik durch Freud. Bislang hat man noch keine bessere Bezeichnung gefunden, obwohl dieser Terminus sich nur historisch begründet. Als ich darüber nachdachte, habe ich mich gefragt, ob es eine bessere, kürzere Bezeichnung gibt. Ich wüßte nicht, welche. Man könnte sagen »rückhaltloses Sprechen«, »Sprechen, ohne auszuwählen« oder »sich gehenlassen«, aber es handelt sich dabei mehr um Beschreibungen als um Bezeichnungen. Ich denke, wir belassen es lieber bei dem historischen Terminus, vorausgesetzt, wir wissen, was wir damit meinen.

Die Bedeutung und der Zweck der freien Assoziation zielt mit Sicherheit auf die Fähigkeit des Patienten, sich völlig freimütig zu offenbaren. Deshalb sagen wir ihm, er möge alles aussprechen, was ihm in den Sinn kommt, und zwar dann, wenn es auftaucht. Das unterscheidet sich gänzlich von jeder anderen sozialen Situation, eine Tatsache, die Erich Fromm in einem sehr klugen Aufsatz »Über die soziale Signifikanz der analytischen Situation«[2] herausgearbeitet hat. Er hat deutlich gemacht, wie sehr diese beispiellose Offenheit den sozialen Regeln und Gewohnheiten widerspricht. Sie ist auch grundverschieden von oder steht im Gegensatz zu jeder Auswahl, jedem planvollen Gedankengang, jedem disziplinierten Sprechen, so wie man sie vorfindet, wenn man Vorlesungen gibt, wenn man mit seiner Freundin spricht oder mit dem Mann, der den Teppich verlegt. In all diesen Fällen bleiben Sie bei der Sache. Freie Assoziation heißt sprechen, ohne auszuwählen und ohne etwas zurückzuhalten.

Eine andere Möglichkeit, freie Assoziation zu beschreiben, oder ein anderer Aspekt besteht darin, daß es sich dabei um Sprechen in einem Zustand der Entspannung handelt. Und an ebendieser Stelle kommt der Begriff »frei« ins Spiel. Der Begriff »frei« hat Anlaß für vielerlei Witzeleien gegeben.[3] Aber der Begriff »frei« hat dennoch eine Bedeutung, eine sinnvolle Bedeutung, insofern er betont, daß wir Assoziationen meinen, die nicht eine bestimmte Spur verfolgen, die nicht an Konventionen oder eine unmittelbare Absicht gebunden sind. Gewiß, zuweilen will der Patient eine bestimmte Sache bearbeiten. Auch das ist in Ordnung. Was wir aber eigentlich unter freier

Assoziation verstehen, ist das Absichtslose der geistigen Hervorbringungen. Es gibt kein anderes unmittelbares Ziel als dieses: die Dinge an die Oberfläche kommen zu lassen. Freie Assoziation ist ein Ideal. Das bedeutet, ein Patient kann nur in dem Maße frei assoziieren, in dem er sich gehenlassen kann, und das wiederum ist von vielen Faktoren abhängig.

Das Absichtslose der Äußerungen sollte nicht mit Ungerichtetheit der Bedeutung verwechselt werden, mit bloßem Drauflosreden. Wie Sie wissen, besteht das eigentliche Ziel darin, den Analytiker in die Lage zu versetzen, einen Eindruck, ein Gespür zu entwickeln, ihm einen Einblick zu ermöglichen, wie die Psyche des Patienten arbeitet.

Lassen Sie uns zunächst in aller Deutlichkeit und Klarheit die Vorteile der freien Assoziation rekapitulieren. Ein Nutzen besteht natürlich darin, daß der Patient in gewisser Weise daran gehindert wird, Dinge zurückzuhalten, zu kontrollieren oder zu selektieren. Tatsächlich ist es so, daß wir uns eher ein Bild davon machen können, wie die Psyche eines Patienten, die Gesamtheit seiner Psyche, arbeitet, je offener er mitteilt, was ihm in den Sinn kommt. Selbstverständlich kann man freie Assoziation immer nur annähernd erreichen. Allerdings kann sie vielfältigen Zwecken dienen, ob der Patient darum weiß oder nicht. Er mag etwas zurückhalten wollen, bestimmte Dinge hervorheben, er mag beeindrucken wollen, sich für etwas schämen und versuchen darüber hinwegzugehen. Und dann gibt es noch den Widerstreit zwischen Stolz und Wahrheit. Es gibt also vielerlei Zwecke und Ziele. Wir werden hier noch sehen, was wir mit der freien Assoziation bestenfalls erreichen können.

Der zweite Nutzen der freien Assoziation besteht darin, daß sie die Konzentration des Patienten fördern kann. Statt drauflos zureden oder statt der Ungewißheit darüber, was er sagen soll, hat der Patient die Verpflichtung oder den Auftrag, frei zu assoziieren. Weil er deren Sinnhaftigkeit begreift, kann er sich auf die Arbeit konzentrieren und wirklich bei der Sache bleiben. Und in dem Ausmaß, in dem er sich konzentrieren kann und sein Geist wirklich nach der Wahrheit sucht, wird diese Konzentration ihm dabei helfen, produktiv zu sein.

Freie Assoziation unterstützt also den Patienten dabei, sich offen zu äußern, und sie hilft ihm, sich auf seinen Teil der Arbeit zu konzentrieren. Kurz gesagt, durch freie Assoziation im idealen Sinne wird Produktivität gefördert. Das gründet auf einer Erfahrung, die in den Annalen jeder psychoanalytischen Schule zu finden ist, daß nämlich der Patient, wenn er offen und rückhaltlos und im richtigen Geist über sich selbst sprechen kann, er auch produktiver sein wird. Die Art der erhöhten Produktivität wird in den verschiedenen Schulen unterschiedlich beschrieben.

Freud hätte betont, daß Erinnerungen an die Oberfläche des Bewußtseins kommen. Wir würden dem zustimmen, möchten aber hervorheben, daß auch andere Dinge auftauchen. Ein Patient mag sich plötzlich über einen Zusammenhang klarwerden, der ihm bislang verborgen war, den er nicht erkennen konnte, obwohl Sie vielleicht sogar viele Male darauf hingewiesen haben. Er kann sich bestimmter Empfindungen, bestimmter Triebe bewußt werden. Diese Anregung, bewußter zu werden, produktiver zu werden, ist ein weiterer Nutzen der freien Assoziation.

Darüber hinaus erhalten wir durch die freie Assoziation selbstverständlich viele Anhaltspunkte; über einige werden wir beim nächsten Mal sprechen. Wie Sie wissen, ergibt sich eine Vielzahl dieser Anhaltspunkte nicht nur aus dem, was der Patient sagt, sondern aus der Abfolge des Materials, das er anbietet, und aus der Kontinuität, mit der er sich äußert. Auch aus der Art und Weise, wie ein Patient die Aufgabe der freien Assoziation in Angriff nimmt, erhalten wir Fingerzeige. Schließlich hat die freie Assoziation noch den Vorteil, die Patienten annähernd gleichen Bedingungen auszusetzen, so daß Vergleiche möglich sind. Es gibt keine zwei Patienten – selbst Patienten mit gleich guter bewußter Arbeit –, die damit auf die gleiche Weise umgehen. Mit diesem Thema werden wir uns den größten Teil der heutigen Veranstaltung beschäftigen: mit unserer Aufmerksamkeit gegenüber der Art und Weise, wie der Patient assoziiert oder über sich selbst spricht.

Wenn wir dem Patienten die Bedeutung und Wichtigkeit der freien Assoziation beschreiben oder ihm verständlich machen wollen und ihn dazu ermutigen, es so weit wie möglich zu versuchen, sollten wir einige Gesichtspunkte nicht vergessen.

Einer ist, daß wir vermeiden sollten, dem Patienten gegenüber in technischen Begriffen zu sprechen, sondern daß wir ihm statt dessen die Bedeutung der freien Assoziation klarmachen sollten. Und das können wir, glaube ich, nur dann, wenn wir uns selbst über ihre Bedeutung und ihren Nutzen im klaren sind. Ich sage einem Patienten bei verschiedenen Gelegenheiten, was freie Assoziation wirklich beinhaltet. Das heißt, obwohl Sie jedem Patienten zu Beginn sagen werden: »Sprechen Sie alles aus, was Ihnen in den Sinn kommt« – und Sie meinen wirklich alles –, werden Sie immer darauf zurückkommen müssen. Bei solchen Gelegenheiten werden Sie dann auch den Schwierigkeiten auf den Grund gehen müssen, die Ihr Patient damit hat, frei zu assoziieren. Wie Sie wissen, macht jeder Patient recht viele solcher Schwierigkeiten durch. Es ist sehr wichtig, vor allem bei Patienten, die als Perfektionisten zu bezeichnen sind, sie nicht einzuschüchtern. Wie Sie von Ihren eigenen Analysepatienten oder auch von denjenigen wissen, die Sie nur bei kurzen Konsultationen gesehen haben, sind viele Patienten eingeschüchtert und entmutigt, weil ihre Analytiker ihnen gesagt haben, sie könnten nicht frei assoziieren. Sie haben das Gefühl, daß nichts ausreichend ist, so als sei freie Assoziation etwas sehr Mysteriöses. Das muß natürlich vermieden werden. Was Sie dem Patienten mitteilen, sollte immer einen Sinn haben und von Belang sein.

Es gibt viele Möglichkeiten, einem Patienten zu Beginn der Arbeit die freie Assoziation verständlich zu machen. Welchen Weg Sie wählen, hängt ausschließlich vom Patienten ab. Einem Patienten, der eher unsicher oder überängstlich ist, können Sie nicht viel über freie Assoziation sagen, können ihm nicht erklären, was Sie damit meinen, oder auch nur den Begriff erwähnen. Sie werden ein Gefühl dafür bekommen, was der Patient zu einem bestimmten Zeitpunkt wirklich begreifen kann, was nicht. Eine Möglichkeit, das Thema einzuführen, besteht zum Beispiel darin, dem Patienten zu Beginn zu erklären, daß Analyse ein kooperatives Unternehmen ist, in das Sie ein intensives Interesse an allem, was ihn beschäftigt, einbringen, Ihre Erfahrung, Ihre Ausbildung und die Tatsache, daß Sie jemand Außenstehender sind. Als Außenstehender mit einer bestimmten Erfahrung und Schulung haben Sie wahrscheinlich einen größeren Überblick über das, wovon der Patient spricht, als er es selbst hat, auch wenn er schon einiges über sich weiß. Auf der anderen Seite verfügt der Patient über das gesamte Rohmaterial. Er hat mit sich gelebt. Und genau das bringt er in das kooperative Unternehmen Psychoanalyse ein. Wir müssen ihm nur dabei helfen, sich dieser Dinge bewußt zu werden, sie zu formulieren, sich darüber Klarheit zu verschaffen und so weiter. Aber tatsächlich ist der Patient derjenige, der Bescheid weiß. Und das ist auch der Grund, warum es so wichtig ist, daß der Patient, ohne zu selektieren, alles mitteilt, was ihm in den Sinn kommt.

Bei Patienten, die ausgeglichen genug sind, die genügend Verständnis aufbringen und auch bereitwillig genug sind, behandele ich die freie Assoziation zu Beginn der analytischen Arbeit recht ausführlich. Ich sage: »Sie wissen wahrscheinlich eine ganze Menge über sich selbst, aber es ist nicht so einfach, wirklich alles zu sagen. Die Versuchungen sind zahlreich, die Sie daran hindern könnten, alles auszusprechen, was Ihnen in den Sinn kommt.« Einige erwähne ich. Der Patient könnte befürchten, indiskret zu sein, wenn er etwas über andere Leute sagt. Manches kann er als banal, anderes als unwichtig ansehen. Es kann ihm peinlich sein, etwas auszusprechen. Aber dann sollte er lieber seine Vorbehalte ausdrücken, als diese dazu zu benutzen, etwas zu verschweigen. Gleichwohl gehe ich zu Beginn nicht sehr ins Detail, sondern sage nur: »Jeder hat Schwierigkeiten mit der freien Assoziation. Mit der Art Ihrer Schwierigkeiten werden wir uns am besten dann auseinandersetzen, wenn sie auftauchen – es hat keinen Sinn, jetzt weiter darüber zu spekulieren.«

Neben meinem Hinweis, der Patient solle nichts verschweigen oder zurückhalten, betone ich noch einen weiteren Punkt. Der Patient braucht Ermutigung, alle auftauchenden Gefühle auszudrücken, und zwar dann, wenn sie auftauchen. Ob sich seine Empfindungen nun auf das beziehen, was ich sage, oder mich sonstwie betreffen, ob er sich hoffnungsvoll oder entmutigt fühlt, beunruhigt oder irritiert, vergnügt, müde, ängstlich, interessiert, uninteressiert, was auch immer, er sollte versuchen, seine Empfindungen auszudrücken. Ich werde auf dieses Thema etwas später noch einmal zurückkommen.

Ich möchte dem Patienten auch den Zweck der ganzen Angelegenheit, der freien Assoziation, begreiflich machen. Man kann nur in dem Maße mit einem anderen Menschen in Beziehung treten, in dem man wirklich weiß, was in ihm vorgeht und wie seine Gedankengänge verlaufen. Und darum ist es, soweit der Patient dazu beitragen kann, in seinem eigenen Interesse, frei zu sprechen.

Dazu gehört, daß ich dem Patienten zu Beginn der gemeinsamen Arbeit soviel mitteile, wie er meinem Eindruck nach begreifen kann. Das ist gewöhnlich nicht sehr viel. Es wird allerdings manchmal ein Fehler gemacht (wie ich aus Supervisionen weiß), nämlich daß ein Analytiker der Meinung ist, wenn er einmal, zweimal oder dreimal etwas über die Bedeutung und den Nutzen der freien Assoziation gesagt hat, dann sei das genug. Wenn ich einem Ausbildungskandidaten auffordere... »Sprechen Sie mit dem Patienten über die freie Assoziation«, wird er wahrscheinlich antworten: »Aber ich habe schon so oft darüber gesprochen.« In gewisser Hinsicht kann man mit dem Patienten nicht oft genug über die freie Assoziation sprechen. Natürlich muß die Äußerung der Situation angemessen sein. Ein Patient kann zum Beispiel viel später berichten, daß er in einem bestimmten Zusammenhang seine Vorbehalte gegenüber meinen Äußerungen verschwiegen hat, weil er sie für falsch gehalten habe oder weil er vielleicht glaubte, ich wolle nicht, daß er glücklich sei, oder weil er vielleicht aus irgendwelchen Gründen über mich verärgert war. Ein solches Verschweigen kann am Ende der jeweiligen Stunde eingestanden werden oder auch in der darauffolgenden Stunde. Wenn es dazu kommt, kann ich dem Patienten deutlich machen, wie wenig seinen Interessen gedient ist, wenn er seine Gedanken und Gefühle nicht dann äußert, wenn sie das erste Mal auftauchen. Nochmals, ich benutze also konkrete Gelegenheiten wie die geschilderte, um nachdrücklich auf den Nutzen hinzuweisen, der darin liegt, alles auszusprechen.

Bevor wir uns mit einigen der Schwierigkeiten befassen, möchte ich noch etwas zur Verwendung der Couch anmerken. Ich habe darüber bereits in früheren Einführungsvorlesungen gesprochen; tatsächlich gehört das Thema aber hierher. Daß ich es der freien Assoziation nachgeordnet habe, können Sie als Widerspiegelung meiner Einschätzung ansehen, welche Bedeutung ich ihm zumesse. Freie Assoziation ermöglicht dem Patienten vollständige Offenheit. Das ist wirklich wichtig. Das muß man ständig im Auge behalten. Ob der Patient nun auf der Couch liegt oder nicht, ist ziemlich zweitrangig: Es ist der gesamten analytischen Situation untergeordnet.

Was spricht also für die Couch? Freuds ursprüngliches Argument war, daß sie dem Patienten helfe, sich zu konzentrieren. Das trifft immer noch zu. Das Liegen auf der Couch kann nicht als altmodische Art der Analyse-Praxis abgetan werden. Für einige Patienten ist es gewiß dabei behilflich, sich stärker auf das zu konzentrieren, was vorgeht. Ich sehe im Unterschied dazu die Methode jedoch nicht als eine *Conditio sine qua non* der Analyse an, sondern als etwas, das ich flexibel handhabe. Man muß das durch Versuch und Irrtum herausfinden, indem man sich fragt, ob der Patient besser arbeiten kann, wenn er auf der Couch liegt oder wenn er aufrecht sitzt. Es ist ausgesprochen nützlich, einen Patienten soweit zu ermutigen, daß er die freie Wahl hat, sich zu setzen, sich hinzulegen, herumzugehen oder was immer er möchte – um herauszufinden, in welcher Situation er am produktivsten ist und sich am besten konzentrieren kann.

Nun, von vielen Autoren ist der Gebrauch der Couch kritisiert worden. Durch das Liegen auf der Couch komme etwas Indirektes in die Beziehung zum Analytiker, sagen sie. Das stimmt. Obwohl man natürlich argumentieren kann, daß der Analytiker auch dann in der Psyche des Patienten präsent ist, wenn er nicht sichtbar mit ihm konfrontiert ist. Nichtsdestotrotz muß man diesen Einwand in Erwägung ziehen. Für manche Patienten ist das Liegen auf der Couch auch eine Möglichkeit, die gesamte Situation als weniger real, weniger konkret anzusehen; der Patient fällt halb in Trance. Manche Patienten, die von neuen Einsichten aufgewühlt sind, übernehmen möglicherweise mehr Verantwortung, wenn sie aufrecht sitzen. Viele Patienten finden es auch deshalb schwieriger, auf der Couch zu liegen, weil sie Angst haben. Entweder brauchen sie die größere Kontrolle, die sich aus der sitzenden Position ergibt, oder sie brauchen das Gefühl von Kontakt mit dem Analytiker. Zwar ist es nützlich, diese Situation rechtzeitig zu analysieren und zu verstehen, aber es ist auch angebracht, sie zu respektieren. Es ist alles recht, was einer größeren Konzentration förderlich ist und sie erleichtert.

Wie steht es nun mit der Qualität der Assoziationen des Patienten, ihrem Geist, dem »Wie«? Ich stelle diese Angelegenheit in den Vordergrund, weil ich sie für äußerst wichtig halte und weil sie oft vernachlässigt wird. Natürlich sind die Anfänger mehr darauf bedacht, zu verstehen, was der Patient sagt, sind mehr am Inhalt und der Kontinuität interessiert. Aber ich denke, je mehr Erfahrung man hat, desto freier wird man, um sich auch sehr stark auf das »Wie« zu konzentrieren. Selbstverständlich kann man nicht eigentlich sagen, das »Wie« sei wichtiger als der Inhalt. Wenn ich es stark vereinfachend und deshalb nicht ganz zutreffend formulieren sollte, würde ich sagen, wenn der Geist der Assoziationen, ihre Qualität als gut und richtig erscheint, dann kann man sich auf den Inhalt konzentrieren. Aber tatsächlich muß sich die Aufmerksamkeit gleichzeitig auf beides richten.

Lassen Sie uns nun genauer untersuchen, welchen Faktoren des »Wie« der Assoziationen beim Patienten Sie Ihre Aufmerksamkeit zuwenden sollten.

Zuallererst sollten das Interesse des Patienten und seine Qualität mit Aufmerksamkeit bedacht werden. Unter Interesse verstehe ich hier die Absicht, sich selbst kennenzulernen, etwas über sich selbst herauszufinden oder sich selbst zu offenbaren. Ich meine nicht bloß das Interesse des Patienten, über sich selbst zu reden. Die meisten

Menschen reden gern über sich selbst. Man könnte sagen, je expansiver ein Mensch ist, desto mehr wird er das wollen. Aber dieser Zusammenhang ist nicht auf solche Menschen beschränkt. Was uns beschäftigt, ist die Qualität dieses Interesses –: Ist es produktiv? Will der Patient wirklich etwas ergründen? Ist er tatsächlich daran interessiert, etwas über sich selbst herauszufinden? Oder ist er schnell gelangweilt? Sie können die Qualität des Interesses vor allem dann genauer bestimmen, wenn Sie wissen, wie eifrig der Patient bei bestimmten Gelegenheiten sein kann, während er zu anderen Zeiten mit einem Gähnen beginnt und einfach nicht richtig bei der Sache ist. Er redet nur drauflos. Ich habe eine Patientin, die sich recht häufig so verhält. Als sie von einem geselligen Ereignis berichtete, sagte sie: »Mein Geist wandert, und ich vermisse ihn nicht!« Patienten können tatsächlich auf diese Art und Weise assoziieren. Diese Patientin war davon überzeugt, daß nichts irgendeine Bedeutung hat oder haben könnte. Wenn sie also nicht besonders mit einem Problem beschäftigt war, erzählte sie einfach irgend etwas. Sie war dann nicht wirklich beteiligt, sondern sprach über Dinge, von denen sie annahm, ich wolle sie hören. Während meiner Arbeit mit ihr kam so etwas recht häufig vor.

Es gibt sehr, sehr viele Arten, wie Patienten reden, und sie müssen von echtem Interesse unterschieden werden. Zum Beispiel gibt es Patienten, die eine fürchterlich umständliche Art haben, etwas zu erzählen. Sicherlich ist es dann und wann äußerst wichtig, ins Detail zu gehen. Aber wenn eine solche Ausführlichkeit mit großer Regelmäßigkeit vorkommt, wenn die Umständlichkeit endlos weitergeht, dann müssen Sie das beachten und darüber nachdenken. Ein bestimmter expansiver Patiententyp spricht möglicherweise sehr offen und eifrig, aber seine Hauptmotivation kann darin liegen, dem Analytiker und sich selbst zu zeigen, daß er eigentlich schon alles weiß und auch über alles nachgedacht hat. Wenn man diesen Patienten etwas mitteilt, antworten sie oft: »Oh ja, das weiß ich bereits.« Bei anderen Patienten liegt die Motivation für eine solche endlose Ausführlichkeit in intellektueller Neugier. Wenn intellektuelle Neugier im Gewand von wirklichem Interesse auftritt, werden Sie das gewöhnlich nach einer Weile erkennen.

Ein zweiter Faktor, der Aufmerksamkeit verdient, ist die Fähigkeit des Patienten, sich gehen, die Dinge an die Oberfläche kommen zu lassen. Natürlich kann ein Patient nicht mehr leisten, als er eben zu leisten vermag. Vor allem zu Beginn der Analyse ist alles, was auftaucht, sehr wenig spontan. Sondern er wird sich in Übereinstimmung mit seinen neurotischen Bedürfnissen etwas zurechtlegen. Er wird mit einem Programm kommen, das es ihm ermöglicht, zu kontrollieren, was er sagt. Zum Beispiel kann er darauf aus sein, ein bestimmtes Problem präzise zu lösen, und er kann dann auf diesem Punkt beharren. Immerhin kann das auch etwas sein, mit dem Sie eine ganze Weile arbeiten. Dennoch sind seine Bemühungen, ein Problem zu lösen, weit von dem entfernt, was es heißt, sich gehenzulassen.

Wenn man untersucht, von welchem Geist die freie Assoziation der Patienten geprägt ist, findet sich noch eine weitere Eigentümlichkeit, die das Gegenteil von »Auftauchen-lassen« oder »Sich-gehenlassen« ist und die man als »pflichtbewußtes Assoziieren« bezeichnen könnte. Patienten, die pflichtbewußt assoziieren, haben ein recht gutes Gespür für das, was der Analytiker hören möchte, oder – es ist nicht notwendigerweise so oberflächlich – für das, was wichtig sein könnte. Sie gehen Probleme in einer pflichtbewußten, ziemlich leblosen Art und Weise an, die tatsächlich sogar hilfreich sein kann. Wieder andere Patienten versuchen sofort, die Dinge zu strukturieren. Das ist dann eine der vielen Gelegenheiten, bei der wir den Patienten daran erinnern können: »Versuchen Sie nicht zu strukturieren! Versuchen Sie, die Dinge geschehen zu lassen.« Nach einer gewissen Weile erweist es sich als wirkungsvoll, den Patienten daran zu erinnern. Zu Beginn gibt es viele Dinge, die Sie verstehen und bei denen Sie hilfreich sein können – auch ohne daß der Patient besonders frei spricht. Aber dann tauchen Probleme auf, die weder Sie noch der Patient verstehen. In solchen Zeiten ist es sehr schwer, mit der Arbeit voranzukommen, wenn der Patient die Dinge nicht so äußert, wie sie auftauchen. Es sind dies Gelegenheiten, bei denen er dazu jedoch ermutigt werden sollte.

Ein anderer Punkt, der in Betracht gezogen werden muß, ist die Kontinuität der Assoziationen des Patienten, die erkennbare Kontinuität. Ich komme darauf zu sprechen, obwohl die Kontinuität der Assoziationen eher unter die Überschrift »Inhalt« zu gehören scheint als unter jene des Geistes, in dem sie vonstatten gehen. Aber dieses Thema gehört ebenso zu der Frage des Geistes oder der Qualität des Assoziationsmaterials. Bringt der Patient Dinge ein, die in einer bestimmten Verbindung stehen? Sicherlich werden Sie immer ein Gefühl von Zurückhaltung beim Patienten spüren, wenn Sie keine Verbindung erkennen können. Es kann aber auch sein, daß Sie diese nur nicht sehen können. Aber ich würde auch einige Mühe darauf verwenden, festzustellen, ob die Verbindung deutlich erkennbar ist. Oder sieht es so aus, als sei der Patient sprunghaft und zerstreut oder als habe er gar eine totale Gedankenflucht erlebt? Natürlich können Sie extreme Beispiele von Folgerichtigkeit oder Zusammenhanglosigkeit im Ablauf der Assoziationen leicht unterscheiden. Nichtsdestotrotz gibt es fließende Übergänge, bei denen Sie nicht so einfach den Grad der Kontinuität erkennen können. Fragen Sie sich, ob Sie etwas übersehen und bloß keine Verbindung hergestellt haben. Oder handelte es sich tatsächlich um Sprunghaftigkeit beim Patienten? Diskontinuität ist allerdings nicht das einzige Problem. Im Gegenteil, der extrem kontrollierte Patient wird mit eiserner Entschlossenheit an einem bestimmten Problem festhalten – soll Johnny in diese oder jene Schule gehen und warum diese Frage so aufregend ist – und sich die ganze Stunde mit diesem Thema beschäftigen. Der kontrollierte Patient hat womöglich ein solches Programm und geht auch nicht davon ab. Die Kontinuität ist vorhanden, aber so viele andere Dinge fehlen.

Ein weiterer Faktor, der es wert ist, unter dem Stichwort Qualität der freien Assoziation angesprochen zu werden, könnte als Klarheit, Konkretheit oder vielleicht Angemessenheit beschrieben werden. Meiner Erfahrung nach gibt es nur wenige Patienten, die Ihnen eine wirklich klare Beschreibung dessen geben können, was sich zugetragen hat. Es ist erstaunlich, warum das so schwierig ist. Ich bin mir im klaren darüber, daß wir alle manche Dinge verdrehen. Aber selbst mit diesen Verzerrungen, unvermeidlichen Verzerrungen, wie sie so wunderbar in dem Film *Rashomon* gezeigt und in bestimmten psychologischen Experimenten demonstriert werden – selbst mit solchen unvermeidlichen Verzerrungen beschreiben nur wenige Patienten in einem klaren Bericht und mit Angaben darüber, wer dies und wer jenes gesagt hat, was mit ihrem Kind oder Ehepartner geschehen ist. Es ist selten, daß Sie die Dinge klar vor sich sehen. Wenn dies geschieht, bin ich geneigt, es als äußerst positives Zeichen von großer Integrität anzusehen.[4]

Was ist andererseits, wenn der Patient unbestimmt und diffus über etwas spricht? Suchen Sie nicht nach dem Grund. Fragen Sie sich lediglich, worauf Sie Ihre Aufmerksamkeit richten sollten. Was ist dabei von Bedeutung? Oder, wie ausweichend ist der Patient, nicht nur in dem, was er Ihnen berichtet, sondern auch in seinen Antworten auf

Ihre möglichen Kommentare? Oder, wie leicht spricht er von sich selbst oder in welchem Ausmaß über andere, über die Probleme von anderen? Oder neigt er dazu, vom Sprechen über sich selbst schnell und oftmals unbemerkt dazu überzugehen, von allgemeineren Dingen zu sprechen? Ich kann nicht sagen, wie oft ich schon darauf hereingefallen bin! Das ist sehr irreführend. Es sieht beispielsweise so aus und mag teilweise auch so sein, daß sich viele Patienten tatsächlich darüber klarwerden wollen, durch welche Faktoren eine Demokratie konstituiert wird oder was wirkliche Unabhängigkeit ist oder wahre Freiheit. Natürlich sind wir stets froh darüber, unser Wissen weitergeben zu können, und bis zu einem gewissen Punkt ist das auch in Ordnung. Man muß aber unbedingt darauf achten, daß es nicht zu einer Art unbewußtem Manöver des Patienten wird, von sehr persönlichen, subjektiven und konkreten Themen auf allgemeinere und abstraktere Dinge überzuwechseln.

Ein weiterer Punkt, der Aufmerksamkeit verlangt, ist der folgende: Unabhängig davon, wie gut und produktiv die Assoziationen des Patienten sind, hat seine Rede einen relativ freien Fluß oder steht der Patient unter irgendeinem Druck? Redet und arbeitet er gegen etwas an? Das kann sehr offensichtlich sein, selbst für den Patienten. Beim Sprechen unter einem Druck zu stehen, kann sich darin zeigen, daß es schwierig ist, die Sitzung zu beginnen. Vielleicht macht der Patient lange Pausen. Vielleicht hat er Angst. Vielleicht fühlt er sich unbehaglich. Während diese Zeichen recht einfach zu bemerken sind, gibt es auch subtilere Störungen, die ein großes Maß an Sensibilität von uns verlangen. Selbst wenn uns der Patient berichtet, was vorgefallen ist oder was in ihm vorgeht, wollen wir doch jedes Unbehagen begreifen, Unbehagen, das von vielen, vielen Faktoren abhängig sein kann – möglicherweise hält er etwas zurück oder er hat vor etwas Angst und so fort.

Allerdings sind es nicht nur diese Stockungen in der Rede oder das Schweigen, die uns interessieren. Der Druck, unter dem ein Patient steht, manifestiert sich auf vielfältige Weise. Aber ich benutze diesen allgemeinen Begriff – der Patient stehe »unter Druck« – mit Bedacht. Tatsächlich kann sich ein solcher Druck auch in einem Verhalten zeigen, das den Stockungen und dem Schweigen entgegengesetzt ist, wie bei dem Patienten, der ungeduldig ist oder drängend, der etwas lösen will oder der sehr schnell über etwas spricht und der darüber gereizt ist oder auch nicht. Er fühlt sich gehetzt. Auch das kann sehr wichtig sein. Sie werden wahrscheinlich derartige Vorkommnisse entdecken, wenn Sie genügend Aufmerksamkeit auf die Frage verwenden, wie innerer Druck in Erscheinung treten kann. Wie damit zu verfahren ist, werden wir später erörtern.

Nicht zuletzt sind da noch die Gefühle des Patienten. Achten Sie darauf, was er empfindet und wann er es empfindet. Nun, mit den Gefühlen vieler Patienten sieht es vor allem zu Beginn der Therapie äußerst dürftig aus, wenn Sie womöglich nur sehr trockene, nüchterne Berichte über das erhalten, was geschehen ist: »Dann-und-dann habe ich meine Verwandten besucht, und zuletzt war ich müde, und während ich dort war, fühlte ich mich irritiert.« Es findet sich kein Hinweis darauf, warum diese Gefühle auftraten, sondern es wird nur berichtet, was sich ereignet hat. Aber auch dann, wenn der Patient seine eigenen Reaktionen einbringt, kann es sein, daß er »über« das redet, was er empfunden hat. In dem eben angeführten Beispiel hat der Patient bemerkt, daß er ziemlich unzufrieden und gereizt war, aber er spricht bloß »über« etwas. Es ist sehr wichtig, den Patienten zu ermutigen, das, was er empfindet, dann auszusprechen, wenn er es empfindet. Ohne Zweifel wird der Patient weitergehen und mehr von seinen Gefühlen äußern, wenn Sie ihn danach fragen. Wenn er den Eindruck hat, daß es Sie wirklich interessiert, wird er auf Ihr Interesse eingehen. Er muß Ihr Interesse spüren, wenn er schluchzt, weint, ängstlich ist oder gereizt, mißtrauisch, entmutigt oder verlegen oder wenn er sich erleichtert fühlt. Und je mehr Sie ihn ermutigen und Ihr Interesse an diesen auftauchenden Gefühlen deutlich machen, desto mehr wird er darauf reagieren und etwas zum Ausdruck bringen.

Nebenbei bemerkt, dieser Satz hat allgemeinere Gültigkeit – er betrifft nicht nur die Gefühle. Wenn der Patient spürt, daß Sie ihm zuhören und an diesen Problemen wirklich interessiert sind, wird er mehr über die Dinge sprechen.

Alle diese Punkte sind von Bedeutung, auch im Hinblick auf die auftretenden Veränderungen, wenn der Patient anfängt, Interesse oder stärkeres Interesse zu zeigen, oder wenn er müde wird, wenn er planmäßig vorgeht oder wenn er spontan sein kann. Wir wollen dies Auf und Ab der Veränderungen genauso in Betracht ziehen wie die Veränderungen im gesamten Verlauf der Analyse. Meine Ausführungen sind im Hinblick auf die Veränderungen des spontan angebotenen Materials ebenso von Bedeutung wie für die veränderten Reaktionen des Patienten auf unsere Deutungen oder Kommentare. Außerdem sind alle diese Faktoren wichtig hinsichtlich der Veränderungen, die sich bemerkbar machen in dem, was der Patient Ihnen über seine Gefühle Ihnen gegenüber oder seine Reaktionen auf Sie und die analytische Beziehung mitteilt.

Ein letzter Punkt sollte noch erwähnt werden: die Frage nach der Produktivität des Patienten. Wenn der Patient in der Lage ist, den analytischen Prozeß vonstatten gehen zu lassen und er den richtigen Geist besitzt, müssen wir unsere Aufmerksamkeit darauf richten, wie produktiv er ist. Oder, um es unter einem etwas anderen Blickwinkel zu formulieren: Wir haben in Betracht zu ziehen, wie aktiv er von sich aus sein kann. Es gibt bei den Patienten sehr große Unterschiede in ihrer Produktivität. Einige können zuweilen sehr aktiv Material hervorbringen, Verbindungen sehen und tatsächlich einen Teil der analytischen Arbeit allein tun. Manchmal neigen sie sogar dazu, alles allein machen zu wollen. Auf jeden Fall sind sie aktiv. Die Patienten können sich auch in der Zeit zwischen den Sitzungen recht aktiv mit den Problemen auseinandersetzen. Gewöhnlich erhalten wir aber nur recht dürftige Berichte über diese Dinge. Andere Patienten wiederum sind eher passiv. Sie sind bereit, Ihnen, soweit es ihnen möglich ist, mitzuteilen, was in ihnen vorgeht, allerdings in einer Haltung, die sich in die Worte kleiden läßt: »Hier haben Sie es. Mal sehen, was Sie damit anfangen können.« Auf diese Passivität müssen Sie Ihre Aufmerksamkeit richten und für lange Zeit daran arbeiten.

Mit einem Patienten hatte ich in dieser Hinsicht die größten Schwierigkeiten. Als ich von Kooperation in der Analyse sprach, über seinen Beitrag zu unserer Arbeit und darüber, wie er sich zu offenbaren habe, erklärte er, er habe für Kooperation überhaupt nichts übrig. Dann fragte er noch, warum wir keine Röntgenaufnahmen machten! Er wollte nicht im mindesten aktiv werden. Das ist ein extremes Beispiel. Der subtile Ausdruck solcher Einstellungen ist von Bedeutung. Betrachten Sie die Träume: Manche Patienten mit Interesse an einem Traum werden auf ihre Weise Material dazu liefern, sie möchten wissen, was der Traum aussagt und was er bedeuten könnte. Andere erzählen einen Traum und sind überhaupt nicht daran interessiert. Sie erzählen den Traum nur pflichtschuldig. Sie unternehmen keinen Versuch einer aktiven Interpretation. Sie warten darauf, daß der Analytiker sich damit beschäftigt. Sie sagen: »Sie sind der Experte«, und sie rationalisieren diese Art passiver Haltung noch auf vielfältige Art und Weise.

Nun, ich habe mich nicht mit den Gründen für all diese Dinge beschäftigt, sondern habe es vorgezogen, einen gewissen Überblick über das zu geben, worauf man im Hinblick auf die Qualität der Assoziationen des Patienten achten sollte. Ich bin davon überzeugt, daß diese Art der Aufmerksamkeit nicht groß genug sein kann. Wir werden darauf zurückkommen, wenn wir uns mit den Widerständen beschäftigen, denn viele Schwierigkeiten des Patienten können erkannt werden. Und mit dieser Form der Aufmerksamkeit können Sie auch einen Zugang dazu finden. Durch die Aufmerksamkeit gegenüber der Qualität der Assoziationen werden innere Widerstände häufig eher aufgedeckt als durch die Aufmerksamkeit für den Inhalt dessen, was der Patient sagt.

Das nächste Mal trägt die Vorlesung den Titel »Spezifische psychoanalytische Mittel zum Verständnis des Patienten«. Es ist zugegebenermaßen eine etwas willkürliche Unterscheidung, wenn ich heute das »Wie« der Assoziationen in den Vordergrund gestellt habe und den Inhalt der Assoziationen in der nächsten Vorlesung behandele. Aber ich glaube, letztendlich wird es sich als nützliche Unterscheidung erweisen.

3. Spezifische psychoanalytische Mittel zum Verständnis des Patienten

Bereits beim letzten Mal war das Verstehen des Patienten unser Thema. Neben bestimmten allgemeinen Hilfsmitteln, die sich von unserem gesunden Menschenverstand, von der Theorie, mit der wir arbeiten, und von unseren Erfahrungen herleiten, gibt es bestimmte Hilfsmittel, die für die psychoanalytische Therapie spezifisch sind.

Eines dieser Mittel ist die Aufmerksamkeit für das sich wiederholende Muster der Assoziationen, wie ich es genannt habe. Ich möchte dieses Thema nicht im einzelnen behandeln, da wir uns bereits an anderer Stelle damit auseinandergesetzt haben.[1] Ein zweites Hilfsmittel, das ich statt dessen besprechen möchte, ergibt sich aus unserer Aufmerksamkeit für die Abfolge, den Kontext, den Fortgang und den Verlauf der Assoziationen. Tatsächlich besteht darin einer der Vorteile der freien Assoziation: Aus der Art und Weise, wie im allgemeinen die Assoziationen von der einen Sitzung zur nächsten aufeinanderfolgen, können Sie bestimmte Schlüsse ziehen. Auch aus der Reihenfolge der Assoziationen während einer Sitzung kann man zu Schlußfolgerungen gelangen.

Mir fällt zum Beispiel eine Stunde von gestern ein, in der ein Patient teils darüber gesprochen hat, was er als seinen Haß auf den Kommunismus bezeichnete, teils auch über die Leblosigkeit seiner Gefühle. Was kam dabei heraus? Ich habe mich gefragt, worin die Verbindung dieser beiden Themen bestand, die immer wieder zusammen auftraten, miteinander verwoben waren. Ich fand schließlich einen Anhaltspunkt, indem ich eine Verbindung herstellte zu bestimmten Dingen, die in der vorangegangenen Stunde aufgetaucht waren. In jener wie in der gestrigen Stunde bedeutete »Kommunist« für den Patienten eine Macht, die unmenschlich, kalt, unbarmherzig und ohne jede Achtung für den einzelnen ist. Eine Macht, die darauf aus ist, den einzelnen zu vernichten, eine Macht, unzugänglich für Vernunft. Ich sagte ihm: »Etwas von dieser Macht, wie Sie sie beschrieben haben – kalt, der Vernunft nicht zugänglich –, muß in Ihnen selbst vorhanden sein.« Auf diese Bemerkung erfolgte keine Reaktion, sondern die beiden Themen wiederholten sich aufs neue, bis er schließlich darüber sprach, in welchem Dilemma er sich am Abend befinden werde. Er sollte eigentlich zu einer Versammlung gehen, die einer Sache diente, für die er sich wirklich interessierte. Auf der anderen Seite wollte er gern zu Hause bleiben und über seine eigenen Probleme nachdenken. »Also«, begann er sich selbst und mir zu sagen, »wenn man doch an einer Sache wirklich interessiert ist, sollte man etwas dafür tun, selbst wenn es manchmal unbequem ist.« Nun denn, das hörte sich gut an. Gleichzeitig sagte aber eine Stimme in ihm: »Du bist ein Verräter, wenn du nicht hingehst. Selbst wenn es dich umbringt, selbst wenn du dich dazu zwingen mußt. *Du mußt gehen.*« Es war das Ende der Stunde, und ich konnte nur sagen »Das ist es, so kommen wir Ihrem ›Kommunisten‹ auf den Grund...«.

In dieser Episode zeigte sich die Unterdrückung, eine unbarmherzige Unterdrückung all der individuellen Gefühle dieses Mannes. Ob er eine Sache mochte oder nicht – es spielte keine Rolle. Es zählte nicht. Es gab also einen Zusammenhang zwischen den beiden immer wiederkehrenden Assoziationen. Es ist dies eines von vielen Beispielen, die sich leicht noch vermehren lassen.

Die Abfolge der Assoziationen in zwei aufeinanderfolgenden Stunden zu beachten, gehört natürlich auch zu dem, was Sie über die Reihenfolge von Assoziationen gelernt haben und versuchen anzuwenden, so gut Sie können. Ich zögere, es noch einmal zu wiederholen, weil ich annehme, daß Sie es bereits so oft gehört haben: Aber Sie brauchen eine Vorstellung, eine Erinnerung an das, was in der vorhergegangenen Stunde wirklich geschehen ist, um zu wissen, wo Sie stehen. Ich werde Ihnen ein Beispiel aus der Arbeit mit einem anderen Patienten nennen, weil dadurch auch einige andere Punkte erhellt werden, die ich heute behandeln möchte.

In diesem Beispiel konzentrierte sich das gesamte Interesse des Patienten auf seine Unfähigkeit, »Nein« zu sagen, eine Unfähigkeit, von der er sich befreien wollte. Er war das Thema von verschiedenen Seiten angegangen. In der besagten Stunde rückte er mit seiner Angst davor heraus, was ein bestimmter Freund ihm antun könnte, wenn er selbst nicht nachgäbe, und daß dieser Freund die berufliche Stellung des Patienten völlig unterminieren könnte. Er hatte mir sehr viel von diesem Freund berichtet, und ich wußte, daß eine solche Handlung des Freundes absolut unwahrscheinlich war. Ich wußte allerdings auch, daß dieser Freund eine scharfe Zunge hatte. Indem ich darüber nachdachte, konnte ich verstehen, welche Kränkung mein Patient wirklich fürchtete, nämlich Kritik. Ich brachte das zur Sprache. Ich fragte, ob seine Angst vor Kränkung, vor dem Schaden durch heimtückische Handlungen – ob das nicht alles für seine schreckliche Angst vor Kritik stehe. Nun, nach einigen weiteren Anstößen wurde das Beherrschende, die Intensität und das erstaunliche Ausmaß von Gefühlen deutlich, die aus seiner Furcht vor Kritik erwuchsen. In der nächsten Stunde war er ängstlich. Es zeigte sich bald, daß das, was ich fast erwartet und in der vorangegangenen Stunde ja auch angedeutet hatte, nun geschah. Mein Patient war ein Mensch, der auf seine Unabhängigkeit sehr stolz war. Er empfand sich als sehr unabhängig. Aber diese Unabhängigkeit beruhte nicht auf Tatsachen, denn von einigen Menschen war er sehr abhängig und in einem bemerkenswerten Ausmaß auch von der Meinung anderer Leute. Das war hilfreich für das Verständnis seiner übertriebenen Phantasie darüber, was sein Freund tun könnte.

Hier war also ein Hindernis: Angst. Mein Patient und ich sprachen über diesen Widerspruch zwischen seiner Wertschätzung von Unabhängigkeit, dessen illusorischem Anteil und seiner tatsächlichen Abhängigkeit von anderen Menschen, hervorgebracht von seiner ausgeprägten Empfindlichkeit gegenüber Kritik – nicht nur gegenüber zurückliegender Kritik, sondern gegenüber jeder möglichen Kritik.

Die folgende Stunde bewegte sich in diesem Rahmen. Der Patient erkannte, wie sehr ihn seine Angst vor Kritik behinderte, daß er sich immer von seiner besten Seite zeigen mußte, korrekt, um sich nicht der Kritik auszusetzen. Anschließend (und ich weiß nicht mehr, ob es in derselben oder der folgenden Stunde war), untersuchten wir, wie seine Spontaneität durch seine Angst vor Kritik behindert wird. Dadurch wurde eine neue Angst in meinem Patienten ausgelöst, denn Spontaneität bewertete er höher als alles andere. Allerdings erkannte er, daß er unmöglich spontan sein konnte, solange seine Angst vor Kritik am Werk war, wodurch auch immer diese motiviert war. Solange die Furcht vor Kritik wirksam war, war Spontaneität auf jeden Fall gefährlich. Das ist eine komprimierte Darstellung von mehreren aufeinanderfolgenden Sitzungen. Beachten Sie bitte auch, daß ein Patient durch die beständige Arbeit an einem Problem sein wirkliches Interesse an diesem Problem deutlich macht, und letzten Endes wird ihn nichts daran hindern können, es anzugehen. Er wird gegen Ängste ankämpfen, diesen und jenen Zusammenhang sehen; auf jeden Fall wird er die Arbeit vorantreiben.

Sie können diesen Prozeß unterstützen, indem Sie sich mit dem Thema befassen, an dem der Patient tatsächlich arbeitet. Durch Ihre eigene Wachsamkeit können Sie dem Patienten helfen, bei der Sache zu bleiben.

Hinsichtlich der Abfolge von Assoziationen besteht ein weiterer wichtiger Aspekt in der Aufmerksamkeit gegenüber den Dingen, die verschwinden oder zu verschwinden scheinen. In unserem Beispiel war die Schwierigkeit, nein zu sagen, die den Patienten sehr gequält hatte, scheinbar verschwunden. Tatsächlich hatte ich mich seiner Furcht vor Kritik zugewandt, die offensichtlich mit seiner Schwierigkeit, nein zu sagen, in Zusammenhang stand. Es handelte sich also nicht um ein wirkliches Verschwinden, sondern um ein scheinbares. Manchmal nähert sich ein Patient von sich aus einem Problem oder vielleicht als Reaktion auf eine Ihrer Deutungen, kann es aber noch nicht in Angriff nehmen. Dann verschwindet das Problem oder scheint zu verschwinden. Wir sollten dessen gewahr werden, wenn so etwas geschieht.

Es ist allerdings noch schwieriger, die Abfolge von Assoziationen über einen längeren Zeitraum zu erkennen und sie zu verstehen. Ein Bruchstück des Berichtes eines Patienten über seinen Versuch zur Selbstanalyse soll als Beispiel dienen; es verdeutlicht die Angelegenheit recht anschaulich.

Während des Sommers hatte der Patient folgendes Erlebnis: Es wurde ihm bewußt, daß er sich sein ganzes Leben lang zuviel hatte gefallen lassen und daß er anderen gestattet hatte, ihn zu tyrannisieren. Das war ihm vorher nur undeutlich bewußt gewesen. Aber nun erlebte er es als wirkliche, emotionale Erfahrung, mit enormer Wut all jenen Menschen gegenüber, von denen er zuviel eingesteckt hatte, wie er meinte. Ihm war klar, daß er diese Gefühle in ihrem ganzen, wie auch immer gearteten Umfang zulassen sollte. So erlebte er einen beinahe gewalttätigen Zorn. Dieser bedeutenden emotionalen Erfahrung folgte ein tiefes Gefühl der Befreiung. Er fühlte sich so frei, glücklich und spontan, wie er sich lange, lange Zeit nicht gefühlt hatte.

Er wußte, daß er auf etwas sehr Wichtiges gestoßen war. Er versuchte weiter daran zu arbeiten, es gelang ihm aber nicht. Es war ein Buch mit sieben Siegeln für ihn. So sehr er auch dies und jenes versuchte, so sehr er sich auch um Assoziationen zu seinem Zorn bemühte, es half alles nichts. Es schien aussichtslos, und er gab auf.

Etwas anderes tauchte jedoch in den folgenden Wochen auf, nämlich ein zunehmendes Bewußtsein darüber, daß er reizbarer war, als er zuvor gewesen zu sein glaubte. Als er nach einigen Monaten die Analyse fortsetzte, berichtete er von folgendem Erlebnis, ohne dessen Zusammenhang mit dem früheren zu bemerken: Er hatte einige Freunde besucht und an einem Tag dreimal nahezu identische Erlebnisse gehabt. Das erste ereignete sich in einem Gespräch über einen gemeinsamen Bekannten. Er sagte, daß er von jenem Menschen nicht viel halte. Die Freunde, bei denen er zu Besuch war, meinten, dieser Mensch habe gewiß seine Qualitäten und habe sich in dieser und jener Situation bemerkenswert verhalten. Der Patient fragte: »Also, was glaubt ihr, sind denn nun seine guten Eigenschaften?« Er war sich gleichzeitig im klaren darüber, daß er es schrecklich nett von sich fand, eine solche Frage zu stellen.

Zweite Episode: Die Kinder seiner Freunde kamen nach Hause und spielten in dem Zimmer, in dem der Patient während seines Besuches übernachtete. Schon leicht gereizt, fragte er seine Gastgeber: »Würde es euch etwas ausmachen, die Kinder aufzufordern, das Zimmer zu verlassen? Ich möchte mich etwas ausruhen.« Er hatte das Gefühl, daß es eigentlich nicht nötig sein sollte, eine solche Frage zu stellen, und daß es schrecklich höflich von ihm gewesen sei, es dennoch zu tun.

Dritte Episode: Gemeinsam trafen sie sich mit einem anderen Ehepaar, und mein Patient hatte diesen Leuten gegenüber keine positiven Gefühle. Er mochte sie nicht. Wohl wissend, daß seine Gastgeber von diesen Leuten recht angetan waren, sagte er jedoch: »Sie sahen wirklich sehr nett aus.« Wiederum fand er, daß das sehr freundlich und schrecklich höflich von ihm gewesen sei.

Nachdem sich das dreimal wiederholt hatte, begriff er, was vor sich ging. Aber in seinem Kommentar dazu setzte er sich selbst herab: Es müsse etwas in ihm geben, das schrecklich überheblich und fordernd sei, das unverzügliche Aufmerksamkeit fordere, das keinen Widerspruch dulde, wenn er etwas sage, dann solle das auch geschehen, und so weiter und so fort. Wir förderten den Zusammenhang mit jenem tiefen Erlebnis im Sommer zutage, als er solch heftigen Groll gegenüber den Leuten empfunden hatte, von denen er seiner Meinung nach zuviel eingesteckt hatte. Offenbar war ihm etwas über seine Tendenzen bewußt geworden, sich selbst in den Hintergrund zu stellen. Starke Empfindungen kamen dann zum Vorschein im Zusammenhang mit seiner Bereitschaft, sich soviel gefallen zu lassen und sich deswegen edel vorzukommen. Wie sich herausstellte, hatten seine Reaktionen in den drei Episoden tatsächlich nichts mit den Gegebenheiten zu tun. Vielmehr erkannte er, wie sehr seine eigene überhebliche Forderung, nicht über Gebühr in Anspruch genommen zu werden, ihn dazu verleitet hatte, seine Höflichkeit in den drei Episoden maßlos zu überschätzen.

Es ist also wichtig, Verbindungen herzustellen, durch welche Sie sich ein vollständiges Bild machen können. Im nachhinein können Sie dann verstehen, warum Ihr Patient an einem früheren Punkt allein nicht weitergekommen ist. In dem soeben erwähnten Beispiel mußte der Patient, theoretisch gesprochen, lediglich seine expansiven Triebe verstehen. Er ging sehr ängstlich und zögerlich ans Werk, mehr und mehr erkennend, in welchem Maße seine Reizbarkeit der Ausdruck von Frustrationen dieser expansiven Triebe war, zu denen auch seine überheblichen Forderungen gehörten.

Als nächstes besprachen mein Patient und ich die Intensität seines Gefühls von Befreiung, das sich einstellte, nachdem er seiner Wut freien Lauf gelassen hatte. Zusammen mit dem Material, das in diesem Abschnitt der Analyse auftauchte, konnten wir nun verstehen, warum er sich so befreit gefühlt hatte. Man kann es auf unterschiedliche Arten beschreiben. Wir konnten die enorme Anspannung erkennen, unter der dieser Mann stand, wenn er »so nett« sein mußte, und von der er sich befreit fühlte. Wir konnten ebenfalls den ungeheuren Haß erkennen, den er aufgrund seiner selbstverleugnenden Tendenzen gegenüber anderen empfinden mußte. Auf jeden Fall wurde das Gefühl von Befreiung im Rückblick verständlich. Ich glaube, an diesem Beispiel wird klar, warum es so bedeutsam ist, die Augen offenzuhalten und sich des großen Aufwaschs bewußtzubleiben, danach zu fragen, was vor sich geht und warum das in einem anderen Fall nicht vonstatten geht.

Zum Abschluß unserer Diskussion über Assoziationen möchte ich die Wichtigkeit ihrer Reihenfolge und ihrer Entwicklung hervorheben. Wir können den folgenden Fragen gar nicht genug Beachtung schenken: Warum gerade jetzt? Warum taucht eine Erinnerung gerade in diesem Zusammenhang auf? Warum hat der Patient zu diesem Zeitpunkt einen Traum? Warum gerade dieser Trauminhalt zu diesem bestimmten Zeitpunkt? Warum ist der Patient in diesem Augenblick wütend oder enttäuscht und nicht zu einem anderen Zeitpunkt?

Warum ist er bereit, etwas aufzugeben, wenn es scheinbar keinen ausreichenden Grund dafür gibt? Das sind die Fragen, mit denen Sie aufs beste vertraut sind und die wir uns im Laufe der Zeit ganz automatisch stellen.

Ich komme nun zu unserem vierten Thema, dem Verstehen von Gefühlen. Sie alle wissen, daß der sicherste Anhaltspunkt für das Verstehen eines Traumes sich aus den Gefühlen ergibt, die der Patient im Traum empfunden hat, von welcher Art sie auch sein mögen. Etwas Ähnliches gilt für das Auf'tauchen jedweden Gefühls. Es spielt keine Rolle, um welches Gefühl es sich handelt, ob der Patient weint, schluchzt, interessiert ist oder auch nicht, müde, teilnahmslos, ob er sich befreit fühlt oder enttäuscht, entmutigt, hoffnungslos – all diese Gefühle sind stets ein wichtiger Hinweis. Nehmen Sie als Beispiel, was ich in dem erwähnten Fall über das intensive Gefühl von Befreiung gesagt habe. Ich bin sicher, daß es über meine Andeutungen hinaus noch mehr zu verstehen gilt, doch dieses Erlebnis ist von einer solchen Intensität – sowohl die vorausgegangene Wut als auch das anschließende Gefühl von Befreiung könnten nicht größer sein. Die Intensität des Gefühls zeigt den Weg zu etwas sehr Wichtigem für den Patienten. Immer wenn Angst auftaucht, wie in diesem komprimierten Beispiel von der Furcht vor Kritik, in dem Angst zweimal in Erscheinung tritt, gilt ebenfalls, daß etwas zur Kenntnis genommen und verstanden werden muß. In beiden Fällen bedeutete die Angst, daß dieser Patient gegen einen Konflikt ankämpfte.

Wenn man wirklich alles über die Aufmerksamkeit gegenüber Gefühlen herausfinden will, muß man hier wie überall den Kontext von Gefühlen in Betracht ziehen: Wann tritt das Gefühl in Erscheinung? In unserem Beispiel müßte man die Bedeutung des Gefühls von Befreiung, der Angst und der Intensität der Empfindung zu verstehen suchen. All das deutet darauf hin, daß etwas sehr Wichtiges auf dem Spiel steht. Daß der Kontext von Gefühlen von Bedeutung ist, ergibt sich aus unserer Beobachtung all der vom Patienten gezeigten Widersprüche und Diskrepanzen.

Wenn ich von Widersprüchen spreche, meine ich natürlich die widersprüchlichen Aussagen, die der Patient tatsächlich macht. Das geschieht häufig genug, nicht selten sogar während einer Sitzung, manchmal – wenn Sie hinreichend aufmerksam sind – über einen langen Zeitraum. Beispielsweise kommt es häufig vor, daß ein und derselbe Patient zu einem bestimmten Zeitpunkt über seine Selbstaufopferung spricht. Zu einem anderen Zeitpunkt berichtet er von seiner Rachsucht. Oder eine Patientin erzählt Ihnen, daß sie nicht nachtragend sei, etwas später spricht sie dann allerdings von ihren Vergeltungsphantasien. Zweierlei ist hier von Bedeutung: Nämlich, wie sehr wird der Patient von diesen Widersprüchen beeinträchtigt? Bemerkt er sie überhaupt oder erkennt er sie selbst dann nicht an, wenn Sie darauf hinweisen? Auch die Rationalisierungen des Patienten erhöhen oft noch die Schwierigkeiten, diese Widersprüche genau zu bestimmen. Die Patientin zum Beispiel, die sich einerseits als selbstaufopfernd dargestellt und mir andererseits von ihrer Rachsucht berichtet hat, fühlte sich immer sehr im Recht, wenn sie rachsüchtig war; das war ihrer Meinung nach das angemessene Verhalten. Fühlte sie sich nicht im Recht, war sie auch nicht auf Vergeltung aus. Auf solche Dinge hat man selbstverständlich auch zu achten. Ich meine, unter welchen Bedingungen wird ein Mensch rachsüchtig? Dieser Punkt sollte aber nicht davon ablenken, die Tatsache der Widersprüchlichkeit zu kennen, wie auch immer die Umstände gelagert sind.

Die Diskrepanz zwischen dem, was jemand sagt, und dem, was er tut, ist ein weiterer Widerspruch, der auf jeden Fall beachtet werden muß, in der Analyse wie auch in anderen Zusammenhängen. Sie werden alle schon vielfältige Beobachtungen dieser Art gemacht haben. Ein Patient versichert beispielsweise, er habe ein sehr großes und tiefes Interesse an der Analyse, kommt aber ständig zu spät, vergißt Stunden, verändert sich nicht wirklich und ist während der Sitzungen oft nicht bei der Sache. Sie werden darüber verwundert sein. Nochmals, es reicht nicht aus, diesen Sachverhalt lediglich zur Kenntnis zu nehmen, sondern Sie müssen sich fragen: »Was könnte sich dahinter verbergen?« Höchstwahrscheinlich handelt es sich um einen recht bedeutsamen Konflikt. Oder ein Patient, der erklärt, er füge anderen niemals Kränkungen zu, zumindest nicht willentlich, scheint in Wirklichkeit andere ziemlich oft zu verletzen. Auch dabei handelt es sich um einen Widerspruch, den Sie gern verstehen möchten. Oder nehmen Sie das Beispiel, das ich zuvor erwähnt habe: Jemand legt sehr viel Wert auf seine Unabhängigkeit, ist aber in seinem konkreten Lebenszusammenhang von diesem oder jenem Menschen abhängig, wie auch allgemein von der Meinung anderer Menschen.

Eine weitere Art von Diskrepanz oder Widerspruch kann zwischen der äußeren Haltung eines Menschen und seinen gänzlich entgegengesetzten Impulsen bestehen. Ich erinnere mich beispielsweise an einen Patienten, der sehr sanft, von resignativer Einstellung und in auffallender Weise zurückhaltend war. Als er mit der Analyse begann, tauchten auf mich gerichtete gewalttätige Phantasien und Impulse auf, die von außerordentlicher Roheit waren. Eine Möglichkeit, über diese Diskrepanz nachzudenken, besteht natürlich darin, zu fragen, welches Interesse er daran hat, eine Analyse aufzunehmen. Was bedeutet es für ihn? Ist es erniedrigend für ihn, Hilfe anzunehmen? Wird durch die Analyse als solche schon etwas Wichtiges aufgerührt und bedroht? Das ist eine legitime Art und Weise, über die Dinge nachzudenken. Aber unsere Aufmerksamkeit ist gefordert, bevor wir noch an den Punkt gelangen, nicht so sehr aufgrund der Diskrepanzen oder wegen der technischen Vorgehensweise, sondern einfach, weil wir bemerken, daß hier etwas nicht zusammenpaßt: Die rohen, oft obszönen Gewaltphantasien bei diesem Patienten widersprechen seiner sonst vorherrschenden Sanftheit.

Ähnliches gilt für Träume. Jemand mit einem glatten Lebensstil mag als ziemlich flach erscheinen. Womöglich gibt es keine sichtbaren Tiefen oder Störungen. In seinen Träumen hingegen gibt es Verzweiflung, gibt es Mord, gibt es ungehemmte Destruktivität aller Art. Um es zu wiederholen, zweifellos wollen Sie die Träume verstehen, aber die vorhandene Diskrepanz, die Diskrepanz *per se* muß Ihre Beachtung finden, sie ist etwas, was Sie verstehen möchten.

Gibt es schließlich einen Widerspruch oder eine Diskrepanz zwischen der Haltung eines Menschen sich selbst gegenüber und derjenigen gegenüber anderen Menschen? Eine Patientin war zum Beispiel der Meinung, niemand dürfe sie kritisieren. Falls das doch einmal geschah, löste es beträchtliche Wut, Empörung in ihr aus. Auf der anderen Seite fühlte sie sich berechtigt, alle Menschen um sie herum recht unverblümt und ohne Einschränkungen zu kritisieren. Gewöhnlich war diese Kritik als Analyse verschleiert. Üblicherweise sagte sie zu anderen Menschen: »Das Problem mit dir ist…« oder sie berichtete mir von dem großen Ausmaß an Rachsüchtigkeit, das sie bei anderen Menschen feststellte. Ein anderes Mal sagte sie zu einem ihrer Freunde, der nach meinem Eindruck nur wenig nachtragend war: »Man sollte nicht nachtragend sein. Verstehen heißt vergeben!« Wohingegen sie selbst mit jedem abrechnen würde oder in helle Empörung geriete, würde ihr jemand eine persönliche Frage stellen. Sie würde mit der »Analyse« beginnen, wenn sie einen Menschen nur zwei Minuten kennt, oder drei Minuten, im besten Fall. Während sie stets bemerkte, wenn sich andere in ihre Angelegenheiten einmischten, war sie blind dafür, wie sehr sie sich in deren Angelegenheiten einmischte.

All diese Unvereinbarkeiten, Widersprüche und Diskrepanzen sind von großer Bedeutung und bedürfen unserer Aufmerksamkeit und der Auseinandersetzung mit ihnen. Sie helfen, die Diskrepanz zwischen dem wirklichen Selbst und dem idealisierten Bild eines Menschen aufzudecken und zu verstehen.[2]

Bislang habe ich überwiegend davon gesprochen, wie wir unseren Verstand dafür einsetzen können, mögliche Zusammenhänge zu erkennen. Jemand wird beispielsweise von bestimmten Ansprüchen beherrscht. Sie fangen an zu überlegen: »Woran könnte es liegen, daß diese Forderungen für den Patienten so notwendig sind?« Oder Sie fangen an nachzudenken, wenn Sie eine bestimmte Haltung eines Patienten in einer bestimmten Situation bemerken. Nehmen wir an, ein Patient erklärt Ihnen, nichts habe eine Bedeutung und es solle auch nichts eine Bedeutung haben. Sie könnten überlegen: »Was mag das hinsichtlich seiner Einstellung zur Analyse bedeuten?« Vielleicht denken Sie darüber nach, was ein bestimmtes Traumsymbol bedeutet. Welche Bedeutung liegt wohl darin, daß diese beiden Themen im Zusammenhang auftauchen, rasch aufeinanderfolgen? Oder Sie stellen die Frage: »Warum taucht dies gerade zu diesem Zeitpunkt auf?« Jede dieser Fragen erfordert viel kluges Nachdenken. Es gibt allerdings noch eine andere Fähigkeit, die womöglich genauso wichtig ist wie unser Verstand, und das ist Intuition.

Welche Rolle spielt Intuition für das Verstehen? Ich glaube, sie zeigt sich auf vierfache Art und Weise. Vor deren Erörterung möchte ich erklären, daß ich mit Intuition ein direktes Verstehen meine, das keinen Prozeß des Nachdenkens oder Schlußfolgerns erfordert – eine Unmittelbarkeit des Verstehens mit anderen Worten.

Die erste jener vier Möglichkeiten, wie Intuition unserem Verstehen förderlich sein kann, könnte man als automatisches Anwenden eines Fragenkatalogs beschreiben, wie ich ihn soeben dargestellt habe. Vergleichbar mit einem geübten Autofahrer. Er wird nicht ständig denken: »Die Straße macht einen Bogen, also kann ich das Auto nicht überholen.« Er wird einfach nicht überholen. Gleiches gilt für uns. Viele dieser und anderer Fragestellungen werden in Ihnen auftauchen, wenn Ihre Erfahrung wächst, und Sie werden sie ganz automatisch anwenden. Ich möchte Ihnen einen Fall beschreiben, in dem solch ein automatisches Verstehen wirksam wurde (es ist kein besonders gutes Beispiel, aber es hat sich in den letzten Tagen ereignet): Ein Patient berichtete von einem Traum, in dem er das unbestimmte Gefühl hatte, irgendwo sei ein Geist. Er dachte daran sich umzudrehen, hatte aber doch Angst. Schließlich schaute er sich doch um, und da war ein Geist. Der Geist wirkte so real, daß der Patient in Panik geriet und aufwachte. Meine automatische Reaktion war, er müsse mit etwas von sich selbst konfrontiert worden sein, etwas Erschreckendem. Natürlich ist diese plötzliche intuitive Erkenntnis keine meiner Glanzleistungen. Aber der Punkt ist, daß ich nicht nachgedacht habe. Nachdenken allein hätte womöglich auch sehr schnell zu demselben Ergebnis geführt. Es gab jedoch kein Nachdenken. Meine Reaktion verlief automatisch. Vielleicht können Sie bessere Beispiele nennen. Mir fällt im Moment kein besseres ein.

Eine andere Art und Weise, in der intuitive Fähigkeiten tätig werden, könnte man als intuitive Assoziationen bezeichnen, die den Weg weisen. Ich werde Ihnen zwei Beispiele nennen. Im ersten berichtete mir eine Patientin vom Tod eines Freundes. Während sie darüber sprach, vermutlich in einer Art und Weise, die ich als nicht ganz echt empfunden habe, dachte ich an den Schluß von Ibsens *Wildente*, in dem das kleine Mädchen sich erschießt. Ihr Vater beginnt damit, die Phantasien, in denen sie lebt, in Szene zu setzen. In dem Theaterstück sagt jemand: »In neun Monaten wird die kleine Hedwig für ihn nichts weiter sein als ein Thema zum Rezitieren.«[3] Das war offenbar mein Gefühl. Ich habe es jedoch nicht so deutlich empfunden, wie es sich in meiner Assoziation ausdrückte und sich als richtig herausstellte.

Das andere Beispiel handelt von einem Patienten, der dazu neigte, Dinge zu agieren, über die er sich klar geworden war. Er befand sich in einem Prozeß der Loslösung aus bestimmten Abhängigkeiten; vor allem aus der Abhängigkeit von seiner Frau wollte er sich befreien. In diesem Prozeß agierte er, indem er seine Frau auf diese oder jene Weise verletzte. Und während ich ihm zuhörte, kam mir ein Kriminalroman in den Sinn, den ich vor Jahren gelesen hatte. Der Titel lautete »Malice Aforethought« (»Böse Absicht«), und die Geschichte handelte von einem Landarzt, der im Schatten seiner sehr dominanten Ehefrau stand. Er versuchte auf vielfältige Weise, sich daraus zu lösen, es gelang ihm aber nicht. Zum Teil, weil es tatsächlich schwierig war, zum Teil auch wegen seiner eigenen Tendenz, sich zu fügen, unterzuordnen, nachzugeben, es zu vermeiden, sich durchzusetzen (was er nicht konnte). Erneut provoziert, vergiftete er sie schließlich. Ich sagte das alles dem Patienten. Er antwortete, das erinnere ihn an eine Phantasie, die er gehabt habe, als er sich im Keller seines Hauses befunden und dort einen Hammer habe liegen sehen. Da sei ihm der Gedanke gekommen, er könne seiner Frau damit den Schädel einschlagen. Das zeigt sicherlich, daß meine Assoziation richtig war. Allerdings ist das nicht der entscheidende Punkt. Wirklich von Bedeutung war die Frage, die mir dadurch in den Sinn kam: Handelte es sich bei dem, was sich hier abspielte, nicht um das Agieren einer bestimmten Gewalt, denn dieser Patient war eigentlich noch nicht in der Lage, sich mit seinen selbstverleugnenden Tendenzen auseinanderzusetzen, was aber eigentlich hätte geschehen müssen? Diese intuitiven Assoziationen sind recht hilfreich, und ich bin sicher, Sie könnten einige Beispiele dafür nennen.

Eine dritte Ausdrucksmöglichkeit solch intuitiven Verstehens besteht in unserer emotionalen Reaktion auf irgend etwas, Gefühle, die in uns auftauchen, ohne daß wir wissen warum. Zuweilen empfinden wir sehr viel Mitgefühl für den Patienten, und ein anderes Mal sind wir eher gereizt, obwohl der Patient klagt und es ihm anscheinend schlechtgeht. Natürlich kann das etwas mit uns selbst zu tun haben – das gilt es stets herauszufinden. Selbst wenn solche Reaktionen kein unmittelbares Verstehen hervorbringen, erweisen sie sich im weiteren Verlauf jedoch oft als sehr wirkungsvoll. Habe ich keinen Grund zu der Annahme »Es liegt an mir«, dann nehme ich solche emotionalen Reaktionen ziemlich wichtig. Wenn ich mich freifühle, über etwas zu lachen, oder wenn ich wegen etwas beunruhigt bin – solche Gefühle sind hilfreich. Um es zu wiederholen, oft gibt es ein intuitives Verstehen dessen, was sich abspielt, was der Patient aushalten kann und was nicht oder was er zu einem bestimmten Zeitpunkt braucht, ohne die Notwendigkeit, die Zusammenhänge zu durchdenken.

Und die vielleicht wichtigste Art und Weise, in der intuitive Fähigkeiten wirksam werden – ich habe sie bereits erwähnt, als ich über die produktive Qualität des umfassenden Zuhörens gesprochen habe –, besteht schließlich darin, daß sich die Dinge zusammenfügen. Tatsächlich gibt es bei jedem Patienten so viel, was es zu verstehen gilt. Wenn ich an all die verschiedenen Gesichtspunkte denke, die wir gleichzeitig zu berücksichtigen haben, und dann noch bedenke, daß jeder Patient anders ist, jeder für sich kompliziert, dann kann ich nicht ganz glauben, wir könnten das alles allein kraft des Verstandes leisten. Wenn unser Geist aber offen ist und unsere kreativen Fähigkeiten sich entfalten, dann fügen sich viele Dinge zusammen, finden ihren Platz wie von allein.

Sowohl Verstand als auch Intuition sind von Bedeutung. Wenn wir allein unserer Intuition vertrauen, können wir uns leicht verirren. Nur unseren Intellekt einzusetzen, ist nicht möglich, oder würde sich, wenn es denn möglich wäre, nach einer Weile als unfruchtbar erweisen. Beide Fähigkeiten müssen gemeinsam ihre Wirkung entfalten.

Zum Schluß meiner Erläuterungen über das Verstehen möchte ich noch eine weitere Art von Hilfe erwähnen, die, erstaunlich genug, von so vielen Analytikern vernachlässigt wird – nämlich die Hilfe, die dem Patienten entlockt werden kann. Immerhin verstehen wir die Analyse doch als ein kooperatives Unternehmen, das der Mitwirkung des Patienten bedarf, damit es fruchtbar und konstruktiv sei. Warum also nicht manchmal den Patienten fragen, wenn Sie etwas nicht verstehen. Die Analyse ist doch tatsächlich ein kooperatives Unternehmen. Ich glaube, ich habe noch keine Supervision eines Ausbildungskandidaten erlebt, in der diese Angelegenheit nicht aufgetaucht ist. Ein Kollege fragt vielleicht: »Ich verstehe das nicht – warum sagt der Patient dieses und dann jenes?« Oder ein Kandidat versteht nicht, warum ein Patient an einem bestimmten Punkt nicht weiterkommt. Unter diesen Umständen sage ich sehr oft: »Warum fragen Sie nicht den Patienten?« Legen Sie dem Patienten das Problem dar. Manchmal kann er es sogar lösen. Und Ihr Satz: »Ich verstehe das nicht, könnten Sie sagen, was Ihnen in den Sinn kommt?« wird die Assoziationen des Patienten stimulieren. Durch wirklich kooperatives Bemühen werden wir dann zu einem größeren Verstehen gelangen.

4. Schwierigkeiten und Abwehrmaßnahmen

An den vergangenen zwei Abenden haben wir über das Verstehen gesprochen. Nun, den Patienten zu verstehen, wäre gar nicht so schwierig, wenn wir mit einer ebenso großen Bereitschaft beim Patienten rechnen könnten, sich selbst zu verstehen, sich seiner selbst bewußt zu werden, sich selbst zu akzeptieren und sich all jenen Schritten auszusetzen, die notwendig sind, um zu einem Verstehen seiner selbst zu gelangen. Es wäre nicht so schwer, den Patienten zu verstehen, behielte er die Einstellung: »Ich will wissen, wer ich bin, wie ich bin, was ich tue und wie ich das verändern kann, was mir nicht angenehm ist« auch dann bei, wenn Hölle und Fegefeuer auf ihn warten. Wie Sie aber wissen, können wir uns auf eine solche Haltung beim Patienten nicht verlassen, oder wenn doch, dann nur gelegentlich. Es war eine von Freuds grundlegendsten Entdeckungen, als er erkannte, gegen welche Mächte wir in der Psychoanalyse anzukämpfen haben. Er bezeichnete sie als Widerstand. Aus verschiedenen Gründen zögern wir heutzutage, diesen Begriff zu verwenden. Ich bin mir nicht ganz sicher, ob der Terminus falsch ist, aber was wir heute unter einem Hindernis oder einer Blockierung oder einem Widerstand verstehen, unterscheidet sich ganz erheblich von dem, was Freud darunter verstand. Darum wäre es wohl besser, einen anderen Begriff zu verwenden.

Freuds Verwendung des Begriffs »Widerstand« erlegt dem Patienten zum Beispiel eine zu große Verantwortung auf. Freud entlehnte den Begriff der Physik und der Tatsache, daß fließender elektrischer Strom unvermeidlich auf Widerstand stößt. Der ursprüngliche Terminus ist also im Hinblick auf die analytische Praxis kaum aussagefähig, und das Konzept sagt nichts darüber aus, ob die auftretenden Schwierigkeiten mit dem Analytiker beginnen oder mit dem Patienten.

Natürlich galt Freuds Interesse in erster Linie dem Patienten und dessen Widerwillen, bestimmte Deutungen zu akzeptieren, oder dem Unwillen oder Unvermögen des Patienten, sich zu ändern. Wenn es auch wahr ist, daß Freud vorrangig an diesen Phänomenen auf seiten des Patienten interessiert war, so hat er doch schon sehr früh erkannt, daß auch auf seiten des Analytikers Schwierigkeiten bestehen können. Selbst wenn Sie mit den Freudschen Konzepten weitgehend übereinstimmen, ist der Spielraum groß genug, auch die Schwierigkeiten immer klarer herauszuarbeiten, die der Analytiker in die analytische Therapie einbringt – wie es ja bereits geschehen ist. Ich möchte Sie nur an Frieda Fromm-Reichmann erinnern, deren Werk zumindest bis zu einem gewissen Maße auf Freuds Theorien gründet und die gewiß Großes geleistet hat, jene Schwierigkeiten aufzudecken, die der Analytiker beiträgt.[1]

Ein weiterer grundlegender Einwand gegen das Konzept »Widerstand« besteht darin, daß es zu wenig differenziert, eine zu allgemeine Vorstellung ist. Wenn man das Phänomen aus Freuds Sicht betrachtet, gibt es kaum etwas einzuwenden oder zu kritisieren. Man wird dann weder bestimmte weiterreichende Implikationen sehen noch die Begrenzungen der Freudschen Auffassung erkennen. Man wird lediglich das Phänomen Widerstand so wahrnehmen, wie Freud es beschrieben hat.

Warum bringe ich dieses Thema jetzt hier zur Sprache? Nicht so sehr, um eine Auseinandersetzung mit Freud zu forcieren.[2] Dazu haben Sie in anderen Seminaren Gelegenheit genug. Ich bringe das Thema zur Sprache, weil dieses frühe Konzept von einem Mangel an Klarheit gekennzeichnet ist und wir vielleicht zu einer deutlicheren Sicht gelangen, wenn wir unser eigenes Konzept entwickeln. Meine Einwände beziehen sich auf Freuds verallgemeinernde Vorstellung, daß alles, was die Analyse verzögere, als Widerstand bezeichnet werden könne. Das würde aber sämtliche neurotischen Schwierigkeiten umfassen oder betreffen. Auf der Grundlage seines theoretischen Konzepts formulierte Freud, daß ein besonders strenges Über-Ich oder eine ausgeprägte narzißtische Haltung solch einen Widerstand bilden können. Bitte übersetzen Sie das in unsere theoretischen Vorstellungen. Wir würden sagen, daß etwa die Unterwürfigkeit eines Patienten oder dessen Neigung, sich selbst anzuklagen, seine Externalisierungen – daß all dies hemmende Faktoren sind. Sie bringen Schwierigkeiten für die Therapie mit sich. Wenn man diese Überlegungen weiterverfolgt, kommt man zu dem Schluß, daß Blockierungen die Abwehren des Patienten ausmachen, die er der analytischen Therapie entgegenstellt und die in hohem Maße mit seinen obstruktiven Kräften identisch sind. Es liegt nicht so sehr in meiner

Absicht, dieses Konzept in Frage zu stellen, als vielmehr zu einer klaren Definition zu gelangen.

In dieser Hinsicht unterscheidet sich die heutige Vorlesung von den vorausgegangenen und vermutlich auch von den noch folgenden, denn in den anderen Vorlesungen spreche ich über herkömmliche Verfahren, Ansichten und Faktoren, von denen ich recht überzeugt bin und die mehr oder weniger fest begründet sind. Wenn ich jetzt über retardierende Faktoren spreche, wage ich mich an etwas Neues, auf der Suche nach Klärung.

Den ersten Schritt in Richtung auf mein heutiges Thema habe ich wohl vor langer Zeit in meinem Buch *Selbstanalyse* unternommen. Ich habe vorgeschlagen, Widerstand, oder wie immer Sie es nennen wollen, als die Tendenz des Patienten anzusehen, den *Status quo* aufrechtzuerhalten. Später habe ich die Definition erweitert, um nicht nur diese Tendenz zu beschreiben, sondern auch den Wunsch des Patienten miteinzubeziehen, die Wirkungsweise seiner Neurose zu verbessern. Das heißt, der Patient möchte seine Neurose erhalten, aber ohne die Schwierigkeiten und Störungen, die daraus erwachsen. Die Unterschiede in diesen beiden Konzepten von Widerstand erscheinen uns heute nicht mehr von Bedeutung. Zu der Zeit, als ich Widerstand noch als Versuch, den *Status quo* aufrechtzuerhalten, ansah, habe ich zwischen der Neurose selbst und dem Bedürfnis, sie zu verteidigen, unterschieden. Diese Unterscheidung war nicht wirklich klar definiert, und kürzlich wollte ich mich vergewissern, was ich geschrieben hatte. Ich las noch einmal das Kapitel »Der Weg der psychoanalytischen Therapie« in meinem letzten Buch *Neurose und menschliches Wachstum* (Fischer Taschenbuch 42143). Aus meiner Sicht erscheint der Inhalt jenes Kapitels durchaus nicht klar.

Wenn wir sagen, Blockierungen seien die Mächte, gegen die wir ankämpfen, meinen wir zum einen, daß sie von den obstruktiven Kräften des Patienten herstammen. Teilweise stimmt das auch. Wir benutzen den Begriff obstruktive Kräfte, um diejenigen Kräfte zu benennen, die das Wachstum des Patienten behindern. Das heißt, sie sind nicht alle von *destruktiver* Natur. Wenn zum Beispiel ein Patient zu übergroßer Hilfsbereitschaft getrieben wird – zwanghafter Hilfsbereitschaft –, dann kann das für andere Menschen manchmal recht nützlich sein und, indirekt, auch für den Patienten selbst. Oder das Gefühl von Überlegenheit, als gäbe es nichts, was er nicht tun könnte, kann für einen Patienten ein positiver Impetus sein, reale Schwierigkeiten in Angriff zu nehmen, und kann in diesem Sinne auch eindeutig von Nutzen sein. Man muß jedoch konstatieren, daß der Begriff »obstruktive Kräfte« diesen spezifischen Bezugsrahmen hat, nämlich, das Wachstum des Patienten zu behindern. In gewisser Weise besteht in der Therapie der gleiche günstige Ausgangspunkt, weil wir dem Patienten zu seinem eigenen Wachstum verhelfen wollen. Was immer im realen Leben seinem Wachstum und seiner Entwicklung entgegensteht, wird sich auch in der Therapie hemmend auf seine eigenen und unsere Bemühungen um Wachstum auswirken. Sein Überlegenheitsgefühl, sein Ordnungsstreben, seine Kontrolle, seine zermürbenden Selbstzweifel, seine Rechthaberei – all das beeinträchtigt sein Wachstum im allgemeinen und wird auch die psychoanalytische Therapie behindern.

Damit sagen wir, daß Blockierungen bestimmte Formen darstellen, in denen die obstruktiven Kräfte im analytischen Prozeß zum Ausdruck kommen. Sie werden sich dort ebenso in bestimmter Weise zeigen, wie sie auch in der Schule oder am Arbeitsplatz oder in der Ehe deutlich werden.

Wenn man es jedoch so formuliert, erweist es sich als ziemlich überflüssig, von Blockierungen oder Widerstand zu sprechen, weil das bedeuten würde, daß die Kräfte, gegen die wir ankämpfen, genau jene neurotischen Schwierigkeiten sind, die den Patienten zur Behandlung veranlaßt haben. Oder wir könnten sagen, psychoanalytische Therapie ist deshalb so schwierig, weil der Patient mit all seinen neurotischen Schwierigkeiten daherkommt – und wir als Analytiker haben damit zu kämpfen. Vielleicht wird die Angelegenheit klarer, wenn wir den Vergleich mit einer organischen Erkrankung heranziehen.

Denken Sie an einen Knochenbruch oder irgendeine andere Krankheit. Der Chirurg muß sich mit bestimmten Schwierigkeiten bei einem Bruch befassen. Handelt es sich um einen komplizierten oder einfachen Bruch? Wie leicht kann er gerichtet werden? Gibt es Infektionen? Und so weiter und so fort. Tatsächlich wird der Chirurg – wie Ärzte zu allen Zeiten (obwohl das erst heutzutage so deutlich gemacht worden ist) – unterscheiden zwischen den Schwierigkeiten der Erkrankung, sagen wir des Bruches oder der Tuberkulose oder der Krebserkrankung, auf der einen Seite und der Einstellung des Patienten gegenüber seiner Krankheit, der Einstellung des Patienten zu seiner Gesundung und der Einstellung des Patienten zum Arzt auf der anderen Seite. Ich möchte folgende Frage aufwerfen: Gibt es ein Äquivalent in der psychoanalytischen Therapie? Natürlich können wir nicht erwarten, daß die Dinge genauso übersichtlich und klar sind wie bei einer organischen Erkrankung – ist aber dennoch eine ähnliche Unterscheidung möglich?

Wir alle neigen dazu, eine naive Unterscheidung vorzunehmen zwischen den Störungen, die den Patienten in die Analyse führen – seiner Angst zum Beispiel, seiner Starrheit, seinem Stolz, seiner Verwundbarkeit auf der einen Seite und dem, was er zurückhält, seinem Antriebsmangel, seiner fehlenden Kooperation, seiner Vergeßlichkeit und seiner Nichtbeachtung von Deutungen auf der anderen Seite. Wir treffen diese Unterscheidung sozusagen emotional, denn wenn wir anfangen, darüber nachzudenken, zeigt sich, daß eine solche Unterscheidung überhaupt keinen Sinn ergibt: Wenn der Patient etwas zurückhält, ist das ebensosehr ein Ausdruck seiner neurotischen Struktur und Schwierigkeiten wie seiner Angst. Oder seine Weigerung zu prüfen, was der Analytiker ihm anbietet – seine anmaßende Überzeugung, recht zu haben, zum Beispiel – ist genauso Teil seiner Neurose wie, sagen wir, seine psychosomatischen Beschwerden. Dennoch haben wir gegenüber diesen beiden Kategorien ein wenig unterschiedliche Einstellungen. Ich habe gesagt, es mache keinen Sinn, darüber nachzudenken. Wenn wir uns jedoch sorgfältig prüfen, zeigt sich, daß wir der Meinung sind oder das Gefühl haben, es handle sich um wirklich unterschiedliche Kategorien.

Lassen Sie mich einen anderen Ansatz versuchen. Wie stellen wir uns den idealen Patienten vor? Das wäre ein Patient, von dem wir annehmen, er offenbare alle seine Schwierigkeiten. Wir können nicht anders, als das anzunehmen. Das soll heißen, er legt seinen Stolz offen, seine Verwundbarkeiten. Diese im Patienten wirksamen Faktoren sind im analytischen Prozeß auch auf uns selbst gerichtet. Wenn wir seine Aufmerksamkeit auf eine besondere Art von Stolz oder Verwundbarkeit lenken, auf seine Versuche, das Gesicht zu wahren, wäre der ideale Patient nur zu begierig, mehr darüber zu erfahren. Er würde sagen: »Sie haben recht. Lassen Sie uns diese verdammte Angelegenheit untersuchen!!« Natürlich hält auch dieser hypothetische, ideale Patient bewußt oder unbewußt Dinge zurück, aus welchen Gründen auch immer, aber wenn wir das bemerken und ihm deutlich machen: »Hier haben Sie etwas zurückgehalten, und das ist dem ganzen Prozeß nicht zuträglich« und wenn wir ihm ganz klar zeigen, inwiefern sich bestimmte Dinge nachteilig auswirken, würde er sagen: »Donnerwetter noch mal, Sie haben recht!« und er wäre wieder sehr eifrig dabei, die Angelegenheit zu untersuchen und schließlich zu ändern. Oder nehmen wir an, wir weisen ihn auf seine unproduktive Lebensweise hin oder er wird sich selbst seines unproduktiven Lebensstils bewußt, daß er seine inneren Möglichkeiten nicht wirklich nutzt, nicht kreativ ist, nicht glücklich oder was immer, dann wäre er bemüht, eine Erklärung zu finden, einen Standpunkt zu beziehen und eine produktivere Orientierung anzustreben. Wenn ich auch sage, dies sei unser Traum vom idealen Patienten, so ist es doch nicht nur die reine Phantasie. Solche Dinge können geschehen. Diejenigen unter Ihnen mit mehr Erfahrung werden gelegentlich solche Patienten erlebt haben.

Ich möchte Ihnen ein Beispiel nennen, das uns vielleicht einen Schritt weiterbringt. Diese Patientin hat mich außerordentlich beeindruckt, und ich habe ihre Arbeit in der Analyse bereits bei verschiedenen Gelegenheiten erwähnt. Sie ist die sehr effektive Leiterin eines Sozialamtes: gut im Organisieren, hart arbeitend, begeistert von ihrem Beruf und sehr von Sinn und Zweck der Gewerkschaften überzeugt. Zu einem bestimmten Zeitpunkt haben sich die Sozialarbeiter zu einer Gewerkschaft zusammengeschlossen, und auch sie war voll dafür. Sie war der tief verwurzelten Überzeugung, daß es ein richtiger Schritt war. Wie es aber im Laufe einer solchen Entwicklung nur natürlich ist und besonders bei Gewerkschaften, gab es nun gewisse Spannungen. Während die Zusammenarbeit mit den Sozialarbeitern vorher gut klappte, begann nun eine Zeit des Übergangs, in der sich ihre Untergebenen recht militant verhielten. Sie war der Boß, und die Sozialarbeiter kämpften für ihre Rechte, selbst wenn es vielleicht gar nicht unbedingt nötig gewesen wäre zu kämpfen. Darüber regte sich die Patientin fürchterlich auf. Ängstlich und in Tränen aufgelöst, bat sie mich um Rat. Wir sprachen darüber. Zwei neurotische Faktoren spielten eine Rolle; nur einen möchte ich nennen, nämlich ihr Bedürfnis nach Zuneigung – und, könnte man hinzufügen, bestimmte Ansprüche, die mit diesem Bedürfnis einhergingen: Sie ist immer eine so gute Chefin gewesen (das war sie tatsächlich). Ich meine, sie ist immer aufmerksam gegenüber ihren Sozialarbeitern gewesen, deren Gefühlen und Bedürfnissen. Sobald sie die Spannungen als vorübergehend begriffen hatte, legten sich ihr neurotisches Bedürfnis nach Zuneigung und die Forderung nach Anerkennung durch die Untergebenen.

Nun, die Auseinandersetzung mit diesem Thema nahm nur zwei Stunden in Anspruch, aber sie hatte dramatische Auswirkungen auf ihre Fähigkeit, dieses übermäßige Bedürfnis nach Zuneigung aufzugeben und die Situation so zu erkennen, wie sie war. Bald schon stand sie mit den Sozialarbeitern wieder auf gutem Fuß.

Wie war sie dazu in der Lage? Es waren starke neurotische Faktoren beteiligt: Ihr Bedürfnis nach Zuneigung war sehr groß, ebenso bestimmte Ansprüche. Aber andere Werte, die ihr weitaus mehr bedeuteten, standen auf dem Spiel. Da war zunächst ihre Überzeugung von Sinn und Zweck der Gewerkschaften. Wichtiger noch, sie übte ihre Arbeit mit großer Hingabe aus, und wenn ihr Bedürfnis nach Zuneigung und die damit verbundenen Ansprüche die Effektivität ihrer Arbeit beeinträchtigten, indem sie Spannungen hervorriefen, dann mußten sie aufgegeben werden – und das tat sie dann auch. Es sieht vielleicht so aus, als seien hier nur konstruktive Kräfte am Werk gewesen, auf welche die Patientin zurückkommen konnte. Ganz so war es aber nicht. Wie ich später erkannte, gab es noch einen anderen Faktor, der diesen schnellen Wandel möglich machte, und das war ihre tiefe Überzeugung: »Es liegt an mir, es sind persönliche Faktoren.«

Diese Faktoren – die wir bereits als ihr neurotisches Bedürfnis nach Zuneigung und den Anspruch, anerkannt zu werden, identifiziert haben – sollten ihre Arbeit nicht behindern, an der sie sehr hing. Es waren also Werte im Spiel, die ihr weitaus mehr bedeuteten als die neurotischen Bedürfnisse und Ansprüche. Hätte die Wertschätzung ihrer Arbeit – und ihrer analytischen Arbeit – nicht über die Neurose gesiegt, könnte man wohl zu Recht vermuten, daß sie eine Abwehrhaltung eingenommen und gesagt hätte: »Schließlich war ich doch immer eine gute Chefin. Die Sozialarbeiter könnten sich doch wirklich auf mich verlassen. Sie könnten wirklich Vertrauen zu mir haben« und so weiter. Aber sie hat es nicht gesagt.

In diesem Beispiel verursachen die neurotischen Schwierigkeiten nicht *per se* auch therapeutische Schwierigkeiten. Unsere Frage lautet: Geht die Patientin auf Abwehrstellung gegenüber diesen Haltungen, die zur Sprache kommen? Diese Patientin wehrt nicht ab, sondern erforscht die Dinge. Mit anderen Worten, es ist eine Frage der Einstellung, die der Patient gegenüber seinen neurotischen Bedürfnissen, Ansprüchen etc. einnimmt. Das gleiche gilt für jede andere Situation. Der Patient bringt seinen Stolz und seine Verwundbarkeit in die Analyse ein, seine Kniffe, um das Gesicht zu wahren, oder seine Vermeidungsstrategien. Das sind seine Schwierigkeiten. Und diese verursachen die Schwierigkeiten in der Behandlung. Aber es erscheint nützlich, diese Schwierigkeiten von der Abwehr zu unterscheiden, die der Patient errichtet, um eben diese Schwierigkeiten zu schützen. Das soll heißen: Was zählt, ist also, ob der Patient zur Erhaltung seines Stolzes, zum Beispiel, in eine Abwehrstellung geht oder ob er bereit ist, die Dinge zu untersuchen.

Aus diesem Grund habe ich die heutige Vorlesung mit der Überschrift »Schwierigkeiten und Abwehrmaßnahmen« versehen. Es geht nicht darum, erneut zu wiederholen, daß Abwehr etwas anderes als Schwierigkeiten ist. Beide stellen Probleme in der analytischen Behandlung dar, aber ich glaube, es ist nützlich, sie zu unterscheiden. An diesem Punkt angelangt, müssen wir uns fragen, was der Patient denn nun eigentlich verteidigen will.

Offenbar sucht der Patient nicht die Gesamtheit seiner Neurose zu schützen. Es gibt bestimmte Anteile, die er sehr gern los wäre. Zuallererst wäre er gern frei von bestimmten Symptomen, die ihn wirklich beeinträchtigen, wie lähmende Angst, Selbsthaß oder was immer. Aber nicht nur von den Symptomen möchte er sich befreien. Er möchte auch seine Hemmungen loswerden, welcher Art sie auch sein mögen. Die Unfähigkeit, für seine Gefühle und Überzeugungen einzustehen, seine Schüchternheit, seine Unfähigkeit, »Nein« zu sagen, all das gefällt ihm nicht. Nichtsdestotrotz verteidigt er jene Bereiche, die ihm als persönliche Werte in der neurotischen Struktur erscheinen. Oder um es anders zu formulieren: Immer wenn der Patient eine abwehrende Haltung einnimmt, sind persönliche Werte im Spiel, vorausgesetzt, daß nicht andere Dinge noch wichtiger, vordringlicher sind als diese subjektiven Werte, wie in dem Beispiel von der Leiterin des Sozialamtes. Und vornehmlich diese Prioritäten bilden seine konstruktiven Kräfte, wenn sie womöglich auch noch neurotische Elemente enthalten. Betrachten Sie zum Beispiel die Geschichte von Ignatius Loyola: An einem gewissen Punkt seines Lebens hat er entschieden, daß die Laufbahn eines Heiligen für ihn wichtiger sei als die Freuden mit Frauen. Und seine Entschlossenheit, seine eiserne Willenskraft, sich selbst gemäß der Vorstellung von Heiligkeit zu formen, war ihm weitaus wichtiger als die Eroberung von Frauen. Es handelt sich um einen Mann, der zu Beginn seiner Laufbahn entschieden hat, was er will. (Es ist schwer zu beurteilen, ob später mehr wirklich religiöse Motive beteiligt waren.) Die Karriere eines Heiligen schien wichtiger zu sein als alles andere. Seine Entschlossenheit versetzte ihn in die Lage, vielen Dingen zu entsagen, die keine solche Bedeutung für ihn hatten, wenn sie überhaupt bedeutungsvoll waren.

In vielen Fällen ist die Einstellung des Patienten gegenüber seinen eigenen Tendenzen gespalten, wie wir wissen. Viele Patienten, zum Beispiel, halten an ihrer Rachsucht fest als einer notwendigen Waffe oder einem Mittel zur Bestrafung, um sich anderen überlegen zu fühlen. Aber unter anderen Umständen oder zu einem anderen Zeitpunkt verabscheuen sie ihre Rachsucht oder haben Angst davor. In einem bereits erwähnten Beispiel wünschte sich ein Patient nichts sehnlicher als Spontaneität, aber seine Angst vor Kritik bewirkte, daß ihn nichts mehr in Schrecken versetzte als Spontaneität. Seine Einstellung war also gespalten. Das müssen wir wissen und uns nicht täuschen lassen, wenn der Patient seinen Wunsch nach Unabhängigkeit oder Spontaneität betont. Wenn in dieser Hinsicht lange Zeit nichts geschieht, wenn er es nicht fertigbringt, seine formulierten Wünsche auch in die Tat umzusetzen, müssen wir uns stets fragen: »Was steht hier eigentlich auf dem Spiel? Gibt es bestimmte subjektive Werte, die der Patient zu schützen sucht?«

In einer Novelle von Pearl S. Buck kommt sehr schön zum Ausdruck, was ich meine. Ein Arzt begegnet einem Mann, der einen Tumor in seinem Nacken hat. Als ein Arzt, der sich wirklich um die Gesundheit der Menschen sorgte, riet er dem Mann, sich in ein Krankenhaus zu begeben, damit etwas gegen den Tumor unternommen werden könne. »Oh, nein«, sagte der Mann, »meine Seele ist in dem Tumor.« Subjektiv bewertete er diesen Tumor also als seine Seele. Bevor wir jedoch diese subjektiven Wertungen weiterverfolgen, möchte ich einem Einwand begegnen, der den Sachverhalt leicht durcheinanderbringen kann. Man könnte fragen: »Ist nicht vieles, wenn nicht gar alles in einer Neurose an sich eine Form von Abwehr?«

Wenn das so ist, würde das bedeuten, daß die Abwehrformen, denen wir in der psychoanalytischen Therapie begegnen, eben die übliche Art und Weise des Neurotikers darstellt, seine neurotische Struktur oder Teile davon zu schützen. Ich glaube indes, man kann diese Ansicht, die auch in unserem Institut vertreten wird – »Ist nicht vieles oder alles an einer Neurose tatsächlich Abwehr?« – am besten von einem historisch-genetischen Standpunkt aus beurteilen.[3] Nehmen wir neurotische Zuneigung oder Liebe oder Machtstreben. Sie sind entstanden, wenn man so will, als eine Abwehr gegen basale Angst, als ein Mittel, sich sicherer zu fühlen. In dieser Hinsicht könnte man sie als Abwehrmaßnahmen bezeichnen. Wenn Sie jedoch die Ursprünge solcher Triebe außer acht lassen, sie unter phänomenologischen Gesichtspunkten betrachten und versuchen, lediglich ihre Qualität zu beschreiben, werden Sie feststellen: Es handelt sich um Triebe – nehmen wir die Machtgier – Triebe von einer solchen Stärke, daß beispielsweise Freud sie für angeboren gehalten hat.

Es gibt aber noch andere neurotische Haltungen, deren Abwehrqualität unmittelbarer ist und die Angst mildern und gegen Verletzungen schützen oder Teile der neurotischen Struktur vor dem Zerfall bewahren. Nehmen Sie zum Beispiel Rechthaberei. Das ist kein Trieb. Das ist primär eine Abwehrhaltung, Abwehr in dem Sinne verstanden, wie ich den Begriff hier verwende: Sie beseitigt Selbstzweifel, sie bewirkt eine schützende Haut, wie bei Siegfrieds Bad im Blute des Drachen. Sie schützt gegen Kritik. Der Patient bringt diese Haltung in die analytische Situation ein. Ist diese Rechthaberei nun eine der Schwierigkeiten des Patienten oder ist es Abwehr? Ich denke, es ist beides. Natürlich entstehen dadurch Schwierigkeiten in der Analyse des Patienten, was aber zählt, ist die Tatsache, ob der Patient diese Rechthaberei verteidigt oder ob er sie untersucht, indem er sie als Problem erkennt, das analysiert werden muß. Nun, im Verlauf der Analyse wird er zunächst das eine und dann das andere tun. Aber es ist gut möglich, daß er zuerst auf Abwehrstellung geht und maßvoll sagt: »Es ist nun mal so, ich weiß, daß ich recht habe.« Das bedeutet, er ist davon überzeugt, immer recht zu haben. Er könnte andererseits auch sagen (wie es einer meiner Patienten getan hat), daß es ihm völlig gleichgültig sei, ob etwas richtig oder falsch ist, die Dinge seien nun mal so, wie er sie sehe – eine andere Art, die Rechthaberei zu verteidigen. Später dann sieht derselbe Patient diese Rechthaberei vielleicht als Problem an. In der Zwischenzeit wird er begriffen haben, welche Schwierigkeiten in der Therapie tatsächlich daraus erwachsen. Er wird etwas über sich gelernt haben und sich selbst besser akzeptieren können. Das heißt, später wird er bereit sein, diese Rechthaberei als Problem zu erkennen und es zu untersuchen. Man könnte sagen, seine Rechthaberei ist zunächst eine Schwierigkeit, die ihn in eine Abwehrhaltung treibt, und später eine Schwierigkeit, die er zu analysieren bereit ist. Das bedeutet, hinsichtlich ursprünglicher Abwehrhaltungen sind wir genötigt, von der Abwehr einer Abwehr zu sprechen.

Lassen Sie uns nun die subjektiven Werte betrachten, die verteidigt werden sollen. Diese subjektiven Werte sind von zweierlei Art. Die eine Art besteht, kurz gesagt, aus *positiven* Werten, die der Patient schützt, weil er das Gefühl hat, es handele sich um etwas Wertvolles. Dann gibt es noch die *beschützenden* oder *abwehrenden* Werte, die ihm nicht *per se* etwas bedeuten, die er aber als Schutz gegen irgend etwas für unentbehrlich hält. Auf nationaler Ebene wäre das Äquivalent, daß wir etwas verteidigen wollen, was wir als wertvoll betrachten, unsere demokratische Verfassung beispielsweise, und wir können etwas verteidigen wollen, das unserer Verteidigung dient, etwa unsere militärische Ausrüstung oder militärische Geheimnisse. Die meisten Haltungen oder Abwehrmaßnahmen, denen wir in der analytischen Therapie begegnen, muß man von beiden Seiten betrachten. Nehmen Sie zum Beispiel den Machttrieb, in welcher Form er sich auch äußern mag. Es handelt sich um etwas, das der Patient als positiven Wert begreift. Nichtsdestotrotz dient er auch als Schutz gegenüber dem weitaus mehr gefürchteten Gefühl der Hilflosigkeit.

Man kann bestenfalls feststellen, daß es bei einigen Haltungen Unterschiede im Ausmaß der abwehrenden Komponenten gibt – manche subjektiven Werte sind vor allem abwehrend und andere primär positiv. Betrachten Sie beispielsweise den Unterschied zwischen einem Menschen, der von Machtgier getrieben ist, und einem Menschen, der ebenso getrieben ist, aber in Richtung rigider Selbstkontrolle. Der erste besitzt mehr von einem positiven Wert, weil er mehr Lebensfreude entfalten kann. Dem zweiten eignet ein in erster Linie schützender Wert. Zu den positiven Werten gehören all die Dinge, die einem Menschen Lebensfreude verschaffen, ein Gefühl von Bedeutung oder Zufriedenheit, oder die ihm ein Gefühl für Würde, Stärke oder Gerechtigkeit verleihen.

In dieser Kategorie positiver Werte, die der Patient verteidigt, halte ich die leidenschaftlichen Triebe für die bedeutendsten, jene, die der Neurose einen dämonischen Charakter verleihen – und schließlich hat man einmal geglaubt, solche Menschen seien vom Teufel besessen. Das ist ein treffendes Bild! Es gibt Menschen, die von Ehrgeiz oder Machtgier beherrscht werden. Oder andere, die davon besessen sind, die Welt zu verbessern, Menschen wie Calvin oder Savonarola. Wieder andere sind auf der Jagd nach Liebe, weil sie sich davon Erfüllung und Bedeutung für ihr Leben versprechen.

Menschen, die nach masochistischer Erfüllung suchen, gehören ebenfalls dazu, wie Sacher-Masoch zum Beispiel, auf den der Begriff zurückgeht und der diese Dinge beschrieben hat. Darin fand er Befriedigung. Ohne das wäre ihm das Leben ziemlich leer erschienen. Bei den Menschen mit bestimmten sadistischen Trieben kann man die gleiche Art des Getriebenseins feststellen. Nachdem mein Buch *Unsere inneren Konflikte* (Fischer Taschenbuch 42104) veröffentlicht worden war, erhielt ich einen Brief von einem Mann. Voller Hohn schrieb er mir, was für ein Einfaltspinsel ich doch sei. Ich hätte nicht die geringste Ahnung davon, was für eine wundervolle Sache diese sadistischen Triebe seien! Sie vermitteln einem das Gefühl, lebendig zu sein, meinte er. Und sie seien ein wirklicher Trieb und so weiter und so fort. Mit seinen Worten sagte er, daß Sadismus seinem Leben Sinn verleihe und daß sein Leben andernfalls ziemlich hohl wäre. Man kann die gleiche Triebkraft feststellen beim Übervorteilen, beim Geschäftemachen, im Drang zur Schadenfreude, ebenso wie bei simplen kleinen Vergeltungsakten. Bei den Menschen, die Genuß dabei empfinden, alles und jedes in Grund und Boden niederzumachen – »Ich fühle mich miserabel, warum soll es anderen besser gehen?« –, kann man einen ähnlichen, oft verschleierten Drang erkennen. Wenn man selbst, aus Verzweiflung oder anderen Gründen, keine Freude erleben kann, dann besteht der einzige Ausweg, die einzige Möglichkeit, einen Sinn zu finden, darin, auch anderen alle Hoffnung zu nehmen. Es handelt sich um Triebe, die von den jeweiligen Menschen sicher als überaus positiv wahrgenommen werden, weil sie das Gefühl von Lebendigkeit erzeugen, weil sie eine bestimmte Erregung oder Befriedigung vermitteln. Sie verleihen Sinn, Lebensfreude.

Es gibt noch andere Mittel und Wege, die einem Menschen das Gefühl von Sinn vermitteln können. Für den Neurotiker ist das ein sehr wichtiges Gefühl, weil er so entfremdet ist, daß er nur die Möglichkeit hat, entweder nach Sinnhaftigkeit zu suchen oder ein Leben ohne Höhen und Tiefen zu führen. Diese Suche resultiert womöglich darin, daß der Patient viele Freunde hat, die sich um ihn kümmern, daß er von anderen anerkannt wird, anderen hilft, daß er durch und für andere lebt, wie es in vielen Ehen geschieht, oder daß er in seiner Arbeit aufgeht – selbst wenn seine Arbeit unter Umständen einen zwanghaften Charakter hat. Diese Suche kann sich auch in den vielen,

vielen Bestandteilen einer Neurose widerspiegeln, durch die der einzelne das Gefühl von Bedeutung oder Stärke erhält oder das Gefühl, in Ordnung zu sein. Ich denke dabei an die verschiedenen Formen von Stolz und Selbstidealisierung, an die Beteuerung, von anderen anerkannt zu werden, für andere hilfreich zu sein und so fort. Es gibt auch noch ganz andere Wege, ein Gefühl von Bedeutung oder ein Gefühl von Stärke zu erlangen und zu bewahren, durch ein Überlegenheitsgefühl etwa, beispielsweise indem man mit anderen abrechnet und sich dadurch die Illusion von Omnipotenz verschafft. Da wir natürlich aufgrund unserer Gefühle unsere Lebendigkeit spüren, sind unsere Gefühle von Sinnhaftigkeit und Bedeutung mit positiven Werten verbunden, die heftig verteidigt werden. Ich bin sicher, diese Aufzählung von positiven Werten, die dem Patienten als kostbar erscheinen, ist nicht vollständig. Auch die folgende Aufzählung der abwehrenden oder schützenden Werte, die der Neurotiker einsetzt, um die positiven Werte zu erhalten, wird nicht vollständig sein. Darunter befinden sich die Abwehrmaßnahmen des Neurotikers gegen Angst, wie Ablenkungsmanöver, narkotisierende Tätigkeiten wie Trinken, Schlafen und so weiter. Zum Teil könnte man auch die entfremdenden Abwehrmaßnahmen zur Angstreduzierung unter die schützenden Werte subsumieren, jene Mittel und Wege des Neurotikers, die Sprengkraft von Konflikten abzuwehren: das Verleugnen von Konflikten, ihre Segmentierung, die Versuche, sich unangreifbar zu machen, sein Zynismus. All das, was der Patient gegen Kritik, gegen Schuldgefühle, gegen Selbstverachtung oder Selbsthaß aufgebaut hat, stellt eine weitere Art der Abwehr mit schützendem Charakter dar. Sein Bemühen um Perfektion ist ein Beispiel für eine solche Art von Abwehr – sein Versuch, alle seine »Verpflichtungen« zu erfüllen, oder zumindest an der Illusion festzuhalten, allen gerecht zu werden, seine Rechthaberei (auf diese Weise mögliche Zweifel beseitigend), seine Kontrolle, seine Verstellungen. All diese Abwehrmaßnahmen dienen in erster Linie dem Schutz vor Selbstverachtung und Selbsthaß zum Beispiel, aber auch gegen Kritik von außen. Viele sehr zurückhaltende Menschen vermeiden Mißerfolge, indem sie sich selbst einschränken, sich selbst unterdrücken.

Kommen wir wieder auf die allgemeinere Ebene zurück. Es gibt Abwehrmaßnahmen gegen Angst, Verzweiflung und Hilflosigkeit. Die beiden letzten, Verzweiflung und Hilflosigkeit – das Empfinden der Leere im eigenen Leben –, gründen letztendlich in der Entfremdung, dem Abgeschnittensein von innerem Erleben. Man kann dieses Gefühl von Leere abwehren durch ablenkende Geselligkeit, durch Arbeit, durch einen oberflächlichen Lebensstil, durch oberflächlichen Optimismus. Es gibt viele Arten von Abwehr gegen Kränkungen und Enttäuschungen. Ebenso gibt es vielfältige Abwehrmaßnahmen gegen das Gefühl, dem Chaos ausgeliefert zu sein, dem Untergang oder der Untätigkeit. Man kann diese Abwehrmaßnahmen bei denjenigen feststellen, die strikt an ihren rigiden »Verpflichtungen« festhalten, weil sie das Gefühl haben, sonst keinen Halt zu finden: »Diese Verpflichtungen geben mir wenigstens eine gewisse Sicherheit, auf die ich mich stützen kann, und bringen eine gewisse Ordnung in mein Leben.« Die bedeutendste unter diesen Abwehrmaßnahmen ist Externalisierung, die Tendenz, innere Prozesse so zu erleben, als geschähen sie außerhalb von einem selbst. Auch Rechthaberei (das Ausschalten von Selbstzweifeln) muß man erwähnen. Ebenso die Überzeugung, »sich durchmogeln« zu können, als einer weiteren Abwehr dieser Art.

In der Analyse werden all die subjektiven Werte in Zweifel gezogen. Vielleicht geschieht das auch außerhalb der Analyse. In der Analyse stehen sie aber gewiß systematischer unter Beschuß als sonstwo im Leben. Folglich muß der Patient mit Abwehr reagieren, solange er sie als wertvoll oder unersetzlich ansieht. Das zeigt sich in drei Bereichen: in der angemessenen Arbeit an seinen Problemen, in seiner Einstellung gegenüber dem Therapeuten und in seiner Einstellung gegenüber der Therapie an sich.

Ich habe hier die Behauptung aufgestellt: Wenn der Patient mit Abwehr reagiert, läßt sich im Kern der Widerstände oft einer dieser subjektiven Werte ausmachen, und es ist sinnvoll, sich zu fragen, welcher dieser Werte geschützt werden soll. Das führt zu einer ausführlicheren Erforschung der subjektiven Werte bei Neurosen. Gewiß sind uns einige dieser Werte bekannt, und ich habe einige hier dargestellt. Nichtsdestoweniger wäre eine sorgfältigere und präzisere Erforschung dieser subjektiven Werte eine lohnende Angelegenheit. Der Patient kommt mit seinen jeweils besonderen Schwierigkeiten in die Analyse, mit Problemen, die er auch hat, wenn er eine Arbeitsstelle antritt oder eine Beziehung eingeht. Ich möchte vorschlagen, diese als *Schwierigkeiten* zu bezeichnen, mit denen wir zu kämpfen haben. Von diesen Schwierigkeiten müssen jedoch jene *Blockierungen* oder *Abwehren* unterschieden werden, die er errichtet, um die subjektiven

Werte zu schützen. Der Erfolg in der analytischen Arbeit hängt davon ab, ob der Patient bereit ist, ein Problem zu untersuchen, zu prüfen, sich hineinzuvertiefen, es weiterzuverfolgen und sich gegebenenfalls zu ändern.

5. Intellektueller Prozeß oder emotionales Erleben

Wir können uns nun der Bedeutung von Gefühlen im analytischen Prozeß zuwenden. Kurz gesagt, in der Einstellung zur Bedeutung von emotionalen Erfahrungen in der Analyse hat sich eine deutliche Wandlung vollzogen. Als Freud seine therapeutischen Experimente mit der Hypnose durchführte – und das war vielleicht ein Experimentieren! –, wurde das Wiedererleben von bestimmten vergangenen Erlebnissen als zentral angesehen. Als Freud seine Forschungen weiter vorantrieb, seine Theorien formulierte, gab es einen Umschwung in Richtung der intellektuellen Seite. Analyse wurde eher eine Frage des Verstehens, ein Appell an die Vernunft. Wenn man zu jener Zeit gefragt hätte: »Wie kommt es zu den Fortschritten und Veränderungen des Patienten?«, hätte die Antwort gelautet, der Patient erkenne, daß eine bestimmte Haltung infantil sei (um Freuds Terminologie zu verwenden) oder daß die Wiederholung bestimmter infantiler Einstellungen gegenüber manchen Erlebnissen nun besser verstanden werden könne. Das erwachsene Urteil des Patienten lasse ihn erkennen, daß solche Einstellungen nicht rational seien, daß es nicht mehr angemessen sei, weiterhin diese Haltungen einzunehmen. Zu jener Zeit appellierte die Analyse an die Einsicht. Später dann wandelte sich dieser Appell, diese Überbetonung von Einsicht und Intellekt. Ich möchte hier nicht die Geschichte dieser Wandlungen ausbreiten. Sie werden den historischen Verlauf kennen. Nichtsdestotrotz, der erste Wandel vollzog sich aufgrund einer Arbeit von Ferenczi und Rank, als die Psychoanalyse noch auf der Vorstellung gründete, infantile Erlebnisse müßten wiedererlebt werden.[1] Aber nicht in der Konzentration auf die infantilen Erlebnisse bestand die Bedeutung der Arbeit, sondern in der Betonung von emotionalen Erlebnissen.

Diese Sichtweise hat sich immer mehr verbreitet und wird heutzutage weitgehend als wichtig und wünschenswert angesehen. Zum Beispiel hat Theodor Reik, der vor einigen Jahren ein Buch über den therapeutischen Effekt von Überraschungen[2] geschrieben hat, behauptet, daß der Patient emotional reagieren werde, wenn er eine Überraschung erlebe, und das werde einen therapeutischen Effekt haben. Neulich hatte ich auf Hawaii ein Gespräch mit John Lynne. Letztes Jahr hielt er ein ziemlich interessantes Referat über die gespaltene Persönlichkeit.[3] Kürzlich erklärte er, er sei der Meinung, das emotionale Erlebnis sei in der Analyse das einzig wichtige. In seiner Emphase schießt er vielleicht übers Ziel hinaus, aber er folgt damit den Vorschlägen anderer Psychiater, die eine bestimmte Vorgehensweise ausprobiert haben. Dr. Lynne verabreichte den Patienten milde Sedativa und stimulierte den Thalamus mit geringen Dosen elektrischen Stroms; so jedenfalls habe ich es verstanden. Diese Kombination von Sedierung und Thalamus-Stimulierung förderte nach seinem Eindruck wirklich emotionales Erleben bei den Patienten.

Ich erwähne das, weil hier ein Mann seinen eigenen Weg geht, indem er Anregungen von anderen Psychiatern aufnimmt, denen wir nicht sehr nahestehen. Dennoch gelangt auch er zu dem Schluß, daß emotionale Erfahrungen für den therapeutischen Erfolg wichtig sind. Ich glaube, soweit herrscht Einigkeit darüber, daß die emotionalen Erlebnisse in der Psychoanalyse wünschenswert sind, neben dem bloßen Reden über die Dinge oder dem intellektuellen Erkennen. Allerdings werden dadurch viele Fragen aufgeworfen, deren Beantwortung noch gänzlich unklar ist. Ich möchte nur einige der Fragestellungen nennen, die sich daraus ergeben.

Es scheint zum Beispiel eine ganze Reihe von Analytikern zu geben, die bestimmte Dinge besonders betonen, von denen sie glauben, daß sie von den Patienten erlebt werden müssen. Beispielsweise hat Harold Kelman oft hervorgehoben, wie wünschenswert es sei, daß der Patient Angst erlebe. Alexander Reid Martin legt die Betonung auf das Erleben von Konflikten.[4] Er spricht von der körperlichen Beteiligung bei Konflikten, und ich glaube, ich weiß, was er meint, obwohl das für mich keine sonderlich große Bedeutung hat. Ich glaube, jedes wirklich emotionale Erlebnis ist etwas Ganzheitliches. Das deutsche Wort *Erlebnis*, das mit dem Gefühl von Lebendigkeit zu tun hat, fängt auch diese Bedeutung von Ganzheitlichkeit des Gefühls ein. *Leben* hat mit Lebendigkeit zu tun. Es ist ein zutreffendes Wort, weil es bedeutet, das etwas emotional lebendig ist und unsere Gesamtheit beinhaltet. Man kann es, zum Beispiel, mit dem Orgasmus vergleichen. Ein wirklich guter Orgasmus ist keine örtlich beschränkte Empfindung, sondern umfaßt unsere gesamte Existenz. Das Empfinden von Lebendigkeit kann natürlich auch örtlich beschränkt sein, aber dann wäre es kein *Erlebnis* in dem Sinne, wie ich das Wort verwende. In meinem Aufsatz »The Paucity of Inner Experiences« (»Die Armut des inneren Erlebens«) habe ich davon gesprochen, wie wichtig es ist, innere Leere zu erleben, ein Punkt, dem Ralph Harris zu jener Zeit sehr viel Bedeutung beigemessen hat.[5]

Angst, Konflikt, *Erlebnis*, örtlich begrenzte Lebendigkeit, innere Leere und so fort – all diese Empfindungen sind genauso wünschenswert wie wichtig. Aber trotzdem sehe ich keinen Grund, diesen oder jenen Faktor als vorrangig hervorzuheben, obwohl ich glaube, daß es therapeutisch um so effektiver ist, je mehr der Patient etwas, irgend etwas, erlebt und fühlt – wenn sich die Dinge nicht nur im »Verstand« abspielen. Worin besteht nun im einzelnen der Wert solch emotionalen Erlebens in der Analyse?

Zum Teil liegen die Gründe auf der Hand. Nichts ist für uns so real wie das, was wir unmittelbar erleben. Wenn man uns etwas über Hunger oder Krieg oder die Schönheit der Berge oder Geburtswehen erzählt, haben diese Dinge doch nicht die gleiche Realität für uns, wie wenn wir selbst Schmerzen oder Hunger oder Durst oder Schönheit oder Liebe oder was immer erleben. Genau dies – daß etwas nicht real ist – gilt auch für das Geschehen in der Analyse. Ich möchte einen Punkt erwähnen, den ich heute bereits einige Male angedeutet habe: Man kann der festen Überzeugung sein, daß etwas so und so ist, wenn man es aber wirklich fühlt, gewinnt das Ganze einen anderen Wirklichkeitsgehalt. Was nicht gefühlt wird, bleibt alles in allem eine Schlußfolgerung, eine Folgerung, die recht überzeugend sein kann. Aber weil es eine Folgerung ist, geht es den Dingen nicht so sehr auf den Grund. Der Mensch kann es sich nicht zu eigen machen. Es ist häufig sehr schwierig, echte Gefühle von Schlußfolgerungen zu unterscheiden, wenn der Patient durchaus produktiv und an etwas recht interessiert ist, und doch, nach einigen Stunden bemerken Sie, daß nichts wirklich Wurzeln geschlagen oder ihm in einem tieferen Sinne etwas bedeutet hat. Es ist, als habe er über Möglichkeiten gesprochen, wie jener Patient, den ich bereits in einem anderen Zusammenhang erwähnt habe. In einigen sehr guten und produktiven Stunden beschäftigten wir uns mit seiner Angst vor Kritik. Obwohl alles so klar erschien, waren es nur Schlußfolgerungen, zu denen er gelangte: Alles sprach dafür, daß er Angst vor Kritik hatte. Natürlich wollen Sie auch auf Schlußfolgerungen aufbauen. Verlassen Sie sich aber nicht zu sehr darauf, sondern nur in einem mehr oder weniger großen Umfang.

Das unmittelbare Erleben in der Analyse ist aus einem zweiten Grund von Bedeutung für den Patienten: Er bekommt ein Gefühl für die Intensität von etwas, was, wie wir alle wissen, sehr wichtig ist. Natürlich kann man auch auf Intensität schließen, ohne sie unmittelbar zu empfinden. Wenn zum Beispiel eine Patientin Punkt für Punkt für Punkt die Motive erkennt, die Panik in ihr auslösen, wenn etwas außer Kontrolle gerät, dann kann sie zu dem Schluß gelangen, daß Kontrolle für sie eine wichtige Rolle spielt. Intellektuell ist gegen diese abgeleitete Intensität nichts einzuwenden, die Patientin will auch deren Bedeutung nicht in Zweifel ziehen. Aber die Intensität wird nicht gefühlt. Sie ist erschlossen, und es kann diese Schlußfolgerung sein, die mit fester Überzeugung vertreten wird, nicht aber das wirkliche Gefühl.

Es ist erstaunlich, wie die Menschen in der Analyse mit Gefühlen umgehen. Manchmal bringen Patienten flüchtige Gefühle zur Sprache. Es ist begreiflich, wenn der Patient sie nicht beachtet, obwohl diese Empfindungen für uns wichtig genug sein können, um herauszufinden, ob sie nicht tatsächlich aus abgründiger Tiefe emporsteigen.

Aber selbst wenn es sich um ein ziemlich starkes Gefühl handelt, wie die Empörung über eine zurückgewiesene Forderung oder der Zorn über irgend etwas – wirkliche Erlebnisse –, selbst dann können die Patienten solch heftige Gefühle mit den Worten abtun: »Ich habe aber auch guten Grund für meine Wut.« Wie Sie sehen, ist der Patient nicht tatsächlich an seiner Wut interessiert, sondern vielmehr daran, ob sein Zorn berechtigt ist, an der Frage nach den Gründen. Oder er erklärt vielleicht: »Ich hatte einen fürchterlichen Wutanfall – aber im Grunde war das nicht gerechtfertigt.« Wiederum beschäftigt sich der Patient nicht mit dem Gefühl an sich, sondern mit der Frage, ob es recht ist, so zu empfinden. Oder er berichtet von einem Ereignis, bei dem er auf eine Beleidigung oder einen Vorfall zu heftig reagierte und sagt vielleicht: »Nun ja, das war eine Überreaktion.« Und auf diese Weise verschwindet ein Gefühl in einer Schublade und ward nicht mehr gesehen. Oder er fragt sofort: »Warum ist das so? Warum bin ich so wütend?« All das ist etwas völlig anderes, als sich einem Gefühl an sich unmittelbar zu stellen.

Ich habe bereits an einem Beispiel dargestellt, wie ein Patient sich mit einem heftigen Gefühl konfrontiert sah, und ich möchte hier noch einmal darauf zurückkommen. Obwohl es nur ein simples Beispiel ist, sollten wir es doch genauer untersuchen. Wie Sie sich vielleicht erinnern, ereignete sich diese Episode während einer Unterbrechung der Analyse des Patienten: Es handelte sich um ein gutes Stück Selbstanalyse. Der Patient befand sich auf der dunklen Seite der Selbstverleugnung, erwachte aber gerade zum Leben.

Aufgrund einiger Provokationen seiner Umgebung empfand dieser Patient plötzlich fürchterlichen Zorn darüber, daß er sich in seinem Leben soviel hatte gefallen lassen. Ein Vorfall nach dem anderen fiel ihm ein. Er fragte nicht: »War das gerechtfertigt? Warum ist das so?...« Nichts. Keine Rechtfertigungen. Keine Fragen oder Begründungen: nur Konfrontation mit der nackten Wut, die er empfand, weil er sein ganzes Leben lang zuviel von anderen eingesteckt hatte. Ohne jede Analyse, wohlgemerkt, einfach, indem er dieses Gefühl durchlebte, wurde ihm bewußt, daß seine Reaktion sehr nützlich sein könnte, und er wußte, daß er nichts unterdrücken, sondern die Dinge geschehen lassen sollte. Das tat er und fand es unangenehm. Aber anschließend fühlte er sich aufs äußerste befreit. Er fühlte sich heiter, glücklich. Seine übliche Schüchternheit anderen Menschen gegenüber war verschwunden. Er legte eine freundliche Stimmung, ja Offenheit an den Tag. Nun, daß dieses Ergebnis ohne jeden expliziten Gedanken an Analyse zustande kam, führt mich zu einem dritten Punkt, nämlich dem Gefühl von Befreiung.

Im Zusammenhang mit dem Gefühl von Befreiung möchte ich hier einige Episoden erörtern, die alle recht einfach gelagert sind. Eines dieser Ereignisse habe ich in einem meiner Bücher veröffentlicht, und es führte zu einer sehr bedeutsamen Entdeckung über neurotische Ansprüche.[6] Um es kurz zu wiederholen: Während des Zweiten Weltkrieges kam ich aus Mexiko zurück und wurde wegen anderer Prioritäten mitten im schwärzesten Texas des Flugzeugs verwiesen. Nun, zunächst war ich etwas verärgert. Aber in erster Linie war ich schrecklich müde und einfach verzweifelt. Wie sollte ich jemals nach New York kommen? Ich verbrachte eine ziemlich scheußliche Nacht. Aber während dieser Nacht im Zug empfand ich statt der Müdigkeit allmählich (ich erinnere mich nicht mehr genau an den Ablauf) immer größere Wut, Zorn über meine Situation. »So etwas sollte mir nicht geschehen!« Prioritäten hin oder her, dies war einfach eine fürchterliche – ich würde nicht sagen, Beleidigung –, aber es war ein schreckliches Schicksal, wenn man so will. Sich in dieser Lage zu befinden, war nicht angenehm. Aber, siehe da, die Wut trat zutage, und ich schloß daraus, daß ein Anspruch berührt worden sein muß. Tatsächlich habe ich diesen Anspruch nicht unmittelbar empfunden. Doch das einzige, woran ich mich halten konnte, war die Überlegung, daß ich einen Anspruch auf eine Sonderbehandlung geltend machte – und dieser Gedanke war absolut richtig. In diesem Augenblick empfand ich ein ungeheuer starkes Gefühl der Befreiung. Ich war selten in meinem Leben so glücklich. Trotz der drei Tage und vier Nächte dauernden Eisenbahnfahrt, und die Fahrt war noch genauso unangenehm wie vor meiner Einsicht, fühlte ich mich glücklich. Ich war heiter gestimmt. Ich genoß es, aus dem Fenster zu schauen. Ich genoß die Gespräche mit den anderen Reisenden. Es war wirklich ein wunderbares Erlebnis. Ich bringe es hier zur Sprache, weil darin dem Gefühl der Befreiung ein besonderes Gewicht zukommt, das ich näher erläutern möchte.

Vor allen Dingen möchte ich auf den therapeutischen Nutzen eingehen, der in dem Gefühl von Befreiung enthalten ist. In meinem soeben beschriebenen Erlebnis löste die notwendig gewordene Bahnfahrt in mir eine emotionale Eruption von Wut und Rachsucht aus – vielleicht würde das Flugzeug, aus dem ich verbannt worden war, ja abstürzen. Dadurch und durch meinen Anspruch, mein Beharren auf Vorrechten, wurde eine Saite zum Klingen gebracht. Was sich ereignete, war nicht der überlegte und bewußte Verzicht auf diesen Anspruch. Nein, dieser Anspruch verschwand einfach. Es war sicher eine Erleichterung, als das Beharren auf einer Sonderstellung oder der Anspruch auf Vorrechte oder wie Sie es nennen wollen, sich auflöste. Das kann man verstehen. Neben dem emotionalen Erlebnis ist darin also auch ein Stück richtiger Analyse enthalten, nämlich daß die Gefühle von Wut und Rachsucht mit dem zugrunde liegenden Anspruch in Zusammenhang standen. Sie können dieses Erlebnis auch als einen Verzicht deuten, als Verzicht oder Aufgabe von bestimmten neurotischen Faktoren, was bewirkte, daß ich mich eins mit mir selbst gefühlt habe. Wenn man nicht von Ansprüchen sprechen will, könnte man auch sagen, daß etwas, ein gewisser Egozentrismus, zumindest zeitweise aufgegeben worden ist.

Ich frage mich allerdings, ob das wirklich den Kern dieses Erlebnisses von Befreiung trifft. Denken Sie nur an das Erlebnis des Patienten, der in Wut darüber geriet, daß er sich zuviel hatte gefallen lassen. Es fand keinerlei Analyse statt. Es gab nur die nackte Wut über seine zu große Duldsamkeit. Wir haben hier einen allgemeinen Faktor zu bedenken, nämlich die Berührung mit etwas sehr Vitalem. Schließlich ist Wut etwas sehr Kraftvolles. Für sehr zurückhaltende Menschen, die aus diesem Grund vor allem das Wilde und Ungezähmte einzuschränken suchen, mag das besonders wichtig sein. Es ist aber so, daß eine solche Beschränkung bei vielen Neurosen zu finden ist und auch bei Menschen, die man als resigniert bezeichnen könnte, und bei vielen arroganten, nachtragenden Menschen, die ihre Gefühle unter Kontrolle halten. Im Grunde geht mit jeder Neurose eine Einschränkung von Vitalität einher. Ich glaube, daß das bloße Empfinden von etwas Lebendigem in einem selbst bereits einen befreienden Effekt hat. Indem ich darüber nachdachte, kam mir wieder William Henry Hudsons Beschreibung von bestimmten Landschaften in den Sinn, und wie tief ihn die patagonische Landschaft berührt hat. Er fühlte sich glücklich und befreit. Durch die Landschaft kam er in Berührung mit etwas Vitalem, Kraftvollem und Ungezähmtem in ihm selbst.

Nehmen Sie einen meiner Patienten, der sich häufig über emotionale Leblosigkeit beklagte. Kürzlich, als er bestimmte Wutanfälle zur Sprache brachte, die im Gefolge seiner Nachgiebigkeit auftraten, sagte ich zu ihm: »Es wäre sehr gut, wenn Sie diese Wut tatsächlich mehr erleben würden. Gleichgültig, wie sie beschaffen ist oder welcher Quelle sie entspringt, sie ist doch etwas sehr Lebendiges – etwas, das Sie fühlen!«

Um es präziser zu formulieren, möchte ich auf den zur Selbstverleugnung neigenden Patienten zurückkommen, der sich mit zu vielem bei anderen, bei sich selbst abgefunden und der es nicht gewagt hatte, sich dieser Erkenntnis zu stellen. Etwas in seiner Einsicht gleicht dem Zersprengen von Ketten. Zum erstenmal gibt es emotionale Rebellion – jemand, der seine Handschellen, seine Ketten sprengt und sich selbst sagt: »Das soll nicht mein ganzes Leben so weitergehen!« Es sieht so aus, als erwachse dieses hoffnungsvolle Gefühl aus einer Rebellion gegen die als lebenslang empfundene Unterdrückung. Auch dieser Fall ist ein weiteres Beispiel für den therapeutischen Nutzen des Gefühls von Befreiung.

Bei einigen anderen Erlebnissen spielen noch weitere Faktoren eine Rolle. In dem Aufsatz über »Die Armut des inneren Erlebens« habe ich einen dieser Faktoren bereits erwähnt. Durch das Erleben von Leere, was an sich schon Angst auslöst, können häufig sehr konstruktive und lebendige Gefühle wachgerufen werden. Wir müssen uns fragen: »Ist dies wirklich die Wahrnehmung der Bedeutungslosigkeit des eigenen Lebens oder ist es das Gefühl von Leere?« Das erschrekkende Gefühl, nicht zu leben, kann Gegenbewegungen von konstruktiven Kräften wecken. Diese Mobilisierung von Gegenbewegungen durch konstruktive Kräfte in einem Menschen bietet eine ganz andere Erklärung dafür, inwiefern das Gefühl von Verarmung therapeutischen Gewinn hervorbringen kann. Diese Erklärung trifft womöglich auch auf das Gefühl von Befreiung zu.

Ich glaube indes, daß es noch einen weiteren Faktor zu beachten gilt, wenn man die Ursache für den therapeutischen Effekt von intensiven Gefühlen untersucht. Dieser letzte Faktor, den ich hier besprechen möchte, hat etwas mit Selbstakzeptanz zu tun. Obwohl mir das recht selbstverständlich erschien, nachdem ich darüber nachgedacht hatte, war ich zunächst ganz und gar nicht dieser Ansicht. Ich möchte Ihnen den Weg beschreiben, der mich zu diesem Resultat geführt hat.

Ich stellte mir selbst die Frage: »Während des analytischen Prozesses haben doch viele Patienten starke Emotionen. Sie sind ärgerlich, wütend, fühlen sich mißbraucht, empfinden Verzweiflung, Hilflosigkeit, Selbstverachtung und machen sich Selbstvorwürfe. Und diese Gefühle haben häufig keinen therapeutischen Effekt, obwohl sie doch wirklich empfunden werden. Warum?« Offensichtlich müssen wir also eine Einschränkung vornehmen: Unter welchen Bedingungen sind diese Gefühle lediglich starke Emotionen ohne jeden therapeutischen Effekt? Ein Patient – wenn Sie sich nochmals dem Beispiel dieses Mannes zuwenden wollen –, der sich in seinem Leben zuviel gefallen ließ, erlebte das Gefühl, er werde mißbraucht, und geriet darüber in Zorn. Durch diese heftigen Emotionen hat er etwas gewonnen. Ein anderer Patient, das werden Sie alle kennen, äußert vielleicht lebhafte Gefühle von Mißbrauchtsein, dennoch haben diese Gefühle keinen wie auch immer gearteten therapeutischen Effekt. Was macht den Unterschied aus?

Jener Patient, der sich mißbraucht fühlt, dann Wut und Empörung empfindet und der diese Gefühle frank und frei äußert, läßt ein neurotisches Gefühl erkennen, um es ganz offen zu sagen. Aber das trifft auch für den Patienten zu, der wütend darüber war, daß er sich soviel gefallen ließ. Es muß ein Unterschied bestehen in der Wertigkeit solch intensiver Gefühle, eine Wertigkeit, die dadurch bestimmt wird, ob solche Gefühle bislang unterdrückt worden sind oder nicht. Im Falle des Patienten, der diese heilsame Wut empfand, war die Wut unterdrückt worden. Das heißt, er hatte seit langer Zeit schwankende Gefühle gegenüber dieser Wut und konnte es nun offensichtlich zulassen, diese Wut zu erleben, trotz des Widerstreits in ihm. Er hatte die Vorstellung: »Was immer es ist, ich will es erleben.« In meinem eigenen Erlebnis mit der Fluggesellschaft gab es keine solche Entschlossenheit. Die emotionale Erschütterung wurde bei mir wahrscheinlich durch den Druck des jämmerlichen Gefühls von meiner Lage ausgelöst. Ich bin nun davon überzeugt, daß solch ein heilsames Erlebnis therapeutisch nur dann von Nutzen sein kann, wenn es frei ist von Mißbilligung, von Rechtfertigung, von Beschönigung und ohne jedes Interesse an den Ursachen des Gefühls – lediglich das Erlebnis des reinen Gefühls. Darin ähnelt mein eigenes Erlebnis dem Fall des Mannes, der sich zuviel gefallen ließ. Für uns beide lautete die Frage: »Was empfinde ich?« – und nicht etwa: »Steht mir das zu?« oder: »Wie empfinde ich es?« oder was auch immer.

All das – Erlebnisse von Befreiung und von intensiven Empfindungen – deutet auf einen Aspekt der therapeutischen Wirkung hin. Solche Erfahrungen vermitteln dem Patienten ein stärkeres Gefühl von »Ich« – tatsächlich bringt es zum Ausdruck, daß man sich selbst so akzeptiert, wie man ist, und zwar nicht nur mit dem Verstand, sondern indem man empfindet »Das bin ich!« Intellektualisierungen oder Beurteilungen gehen nicht damit einher. An diesem Punkt könnte sich eine Diskussion entzünden, nämlich, daß das Gefühl von Befreiung, welches sich nach so tiefen Erlebnissen ziemlich häufig einstellt, etwas mit einem Gefühl von Frieden, einem Gefühl von Selbstakzeptanz auf einer tiefen emotionalen Ebene, dem Einssein mit sich selbst zu tun hat. Es ist wirklich eine Erfahrung dessen, was wir das »wahre Selbst« nennen. Das beste Beispiel für das Erleben des »wahren Selbst« ist, glaube ich, jener Mann mit seiner nackten Wut ohne jeden intellektuellen Bezugsrahmen. Er akzeptiert sich so, wie er ist. In theoretischen Begriffen formuliert heißt das, er akzeptiert sein »tatsächliches Selbst«. Bis zu diesem Punkt hat sich noch nichts geändert. Gewiß, es kann sein, daß er später seine Wut auch verstehen und etwas dagegen unternehmen möchte. Aber in dem Augenblick hat sich nichts verändert – es ist die Erfahrung von Akzeptanz. Das hat weitreichende therapeutische Implikationen. Wenn dieses Selbst-Gefühl, diese Selbstakzeptanz so bedeutsam ist, dann müssen wir womöglich einiges an unserem therapeutischen Vorgehen verändern.

Natürlich ist mir auch klar, daß man sich davor hüten sollte, die Bedeutung von emotionalen Erlebnissen zu überschätzen, als machten allein solche Erfahrungen die Analyse aus. Ich denke, das ist falsch. Vor einigen Jahren, ich glaube, es war nach einer Vorlesung von Alexander Reid Martin, erklärte jemand, Absicht der Analyse sei es, emotionale Erlebnisse zu vermitteln. Ich hatte meine Zweifel an dieser Aussage. Eine Fülle anderer Arbeit ist zu leisten, wie Verbindungen erkennen und etwas intellektuell begreifen – alles, was mit unserer Ganzheitlichkeit zusammenhängt. Ich glaube aber, daß nichts so effektiv ist wie das Erleben. Betrachten Sie die beiden emotionalen Erlebnisse, die ich zu analysieren suchte. Nach meinem Erlebnis mit der Fluggesellschaft hatte ich daran und auch an weiteren, anderen Ansprüchen durchaus noch zu arbeiten. Die Befreiung war letztendlich eine vorübergehende Erfahrung, obwohl von solcher Tiefe, daß ich das Gefühl niemals vergessen werde. Viele Anregungen ergaben sich daraus und eine Fülle weiterer Arbeit, die zu leisten war. Im Falle des Mannes, der nackte Wut empfand, war diese Befreiung ähnlich stimulierend, aber auch vorübergehend. Trotz seiner Bemühungen kam er eine Zeitlang überhaupt nicht voran, weil er erst einen Zugang zu bestimmten expansiven Tendenzen finden mußte. Das direkte und unmittelbare Erleben von Gefühlen ist also gewiß kein Allheilmittel, und wir sollten es nicht überschätzen. Dennoch halte ich es für sehr wichtig.

Nichtsdestoweniger stellt sich die Frage, wie wir dem Patienten helfen können, in der Analyse tiefer zu erleben. Es gibt jene verschiedenen Möglichkeiten, die ich bereits erwähnt habe. Im folgenden möchte ich nun drei Faktoren erörtern, die diese Frage berühren.

Einer dieser Faktoren betrifft die wachsende Sensibilität des Analytikers für das, was vom Patienten wirklich empfunden wird, im Gegensatz zu dem, was Gesprächsgegenstand oder Schlußfolgerung ist. Das halte ich für die Basis, um mit der Zeit zur Effektivität zu gelangen. Nun, manchmal ist die Unterscheidung zwischen dem Gefühlten und dem bloß Gesagten ziemlich offensichtlich. Der Patient, dem Sie zu mehr Sensibilität verhelfen, wird selbst immer deutlicher bemerken, wann er bloß über etwas redet und nicht wirklich bei der Sache ist oder wann er wirklich interessiert ist und etwas empfindet. Wenn Sie in dieser Hinsicht dann und wann Zweifel haben, können Sie den Patienten direkt fragen. Ich möchte Ihnen eine kleine Hausaufgabe stellen: Unterziehen Sie gelegentlich ein Stück Analyse der Revision, nur für sich selbst. Um einen richtigen Überblick zu haben, sollte das von Ihnen gewählte Analysebruchstück schon eine Weile zurückliegen. Oder vielleicht wählen Sie auch etwas aus Ihrer eigenen Analyse aus. Wenn einige Zeit vergangen ist, kann sich das als sehr nützlich erweisen. Versuchen Sie eine klare Analyse dessen, was wirklich empfunden wurde, was nur dunkel empfunden wurde, was Schlußfolgerung war und was richtige und angemessene Schlußfolgerung. Rückblicke dieser Art können hilfreich sein, um mit der Zeit sensibler für die Unterschiede zu werden.

Das folgende Beispiel eines unbedeutenden Ereignisses, das ich an anderer Stelle veröffentlicht habe, erhellt ein wenig mehr, welcher Nutzen darin liegt, Teile einer Analyse einer nochmaligen Prüfung zu unterziehen.[7] Bei einer Bergwanderung bekam eine Frau plötzlich Angst vor einem Hund. Sie leistete ein gutes Stück Analysearbeit, indem sie zu dem Schluß gelangte, daß ihre Angst auf Selbstverachtung zurückzuführen sei und daß diese Selbstverachtung auftauchte, weil sie meinte, den Aufstieg bewältigen zu müssen. Nach ihrer Selbstanalyse verschwand ihre Angst. Aber etwas von der Verbindung zwischen Angst und dem Gefühl von Scham, Demütigung etc. blieb in ihr haften.

Lassen Sie uns diese unbedeutende Episode ausführlicher analysieren. Von untergeordneter Bedeutung ist die Feststellung, daß diese Episode deutlich macht, wie auch mit vergleichsweise wenig Worten recht gute Ergebnisse erzielt werden können. Wir können erkennen, daß die Angst vor dem Hund sicherlich vorhanden gewesen ist. Die Selbstverachtung indes wurde nur dunkel empfunden. Die Patientin fühlte sich feige, sie fühlte sich unbeholfen, sie war verlegen, sie hatte das Gefühl, andere Menschen würden auf sie herabschauen, weil sie übervorsichtig war. Das heißt, ich glaube nicht, daß sie die Selbstverachtung zur Gänze erlebte, sondern etwas, was dem sehr nahe kam. Die Selbstverachtung war in dieser Situation völlig ungerechtfertigt und hatte mit bestimmten Anforderungen zu tun, die sie sich selbst auferlegt hatte: Sie sollte in der Lage sein, den Berg zu erklimmen, unabhängig von der Art ihrer Kleidung, vom Wetter, von der Beschaffenheit der Schuhe und ob sie einen Wanderstab hatte oder nicht. Sie sollte den Aufstieg meistern können. Dieser Teil, ihre Selbstverachtung, weil sie ihren eigenen Anforderungen nicht genügte, war reine Schlußfolgerung. Obwohl dieses Analysebruchstück zum damaligen Zeitpunkt hilfreich war, hätte es vielleicht einen anhaltenderen Effekt gehabt, wenn ich stärker darauf bestanden hätte, die emotionalen Komponenten zu klären.

Eine zweite Möglichkeit, dem Patienten zu tieferem Erleben in der Analyse zu verhelfen, besteht darin, all jene Faktoren zu analysieren, die einen Menschen daran hindern, seine Einsichten auch zu erleben. Es gibt eine Vielzahl dieser Faktoren, einige habe ich in meinem Aufsatz über »Die Armut des inneren Erlebens« erläutert. Kurz gesagt, ich glaube, jene Faktoren, bei denen mitschwingt, daß der Patient dies oder jenes zu sein wünscht, oder daß er das Gefühl hat, anders sein zu sollen, als er tatsächlich ist, bewirken einen Mangel an Interesse für seine reale Existenz. All diese Faktoren zu analysieren, ist eine ziemlich umfangreiche Aufgabe. Es bedeutet die Analyse der »Soll«-Ansprüche des Patienten, jedoch unter dem Blickwinkel, wie wenig dieser Mensch sich selbst akzeptiert. Kürzlich, zum Beispiel, sagte ich zu einem Patienten etwas über Selbstakzeptanz, zu einem Mann, der nicht nur über die meisten Menschen ungehalten ist, sondern auch sich selbst für minderwertig hält. Er antwortete: »Oh, nein. Da täuschen Sie sich. Das tue ich nun wirklich! Ich akzeptiere mich voll und ganz.« Wie sich herausstellte, war der Gedanke fest in ihm verankert, daß Selbstakzeptanz etwas Positives sei, was ja auch richtig ist. Er war davon wirklich überzeugt. Aber er übersah die Frage oder es fehlte ihm an Interesse daran, ob er sich wirklich selbst akzeptierte, soll heißen, seine reale Existenz. Das findet man sehr häufig. Sie müssen gar nicht einmal bis zum idealisierten Selbstbild gehen. Die Menschen verankern beispielsweise ihre Unabhängigkeit in ihren Vorstellungen, weil Unabhängigkeit etwas Positives ist, oder die Bereitschaft, Kritik anzunehmen, weil es positiv ist, konstruktive Kritik akzeptieren zu können – und auf diese Weise werden sie ganz und gar unaufmerksam dafür, wie sie wirklich sind. Das sind nur einige Beispiele dafür, inwiefern festgefügte Vorstellungen ein tieferes Erleben in der Analyse verhindern können, aber Sie wissen selbst, daß man bei der Analyse dieser Dinge viele Faktoren in Betracht ziehen muß. Ich denke jedoch, unabhängig davon, was man analysiert, sollte man dem Patienten immer auch die Zusammenhänge hinsichtlich der Selbstakzeptanz aufzeigen; zumindest Sie selbst sollten sich darüber im klaren sein.

Die dritte Art von Hilfestellung wäre die direkte Ermutigung. Das kann auf unterschiedliche Art und Weise geschehen. Eine Möglichkeit besteht darin, den Ausdruck oder das Ernstnehmen von flüchtigen und verkümmerten Gefühlen zu ermutigen. Ein kleines Beispiel aus den letzten Tagen: Eine Patientin sprach über etwas, das mir sehr schlüssig erschien, aber sie sagte: »Ich habe das Gefühl, diese Sache interessiert mich nicht wirklich, weil mich etwas anderes beunruhigt.« Sie wußte nicht, was das war. Ich sagte also nicht nur (was wir alle getan hätten): »Lassen Sie uns auf jeden Fall untersuchen, was Sie beunruhigt«, sondern ich erklärte ihr ausdrücklich, es sei sehr positiv, daß sie wirklich empfinde, über etwas beunruhigt zu sein. Sie war sich eines Gefühls bewußt und konnte es ernsthaft ausdrücken. Entsprechendes gilt, wenn Sie einem Patienten Deutungen oder Beobachtungen anbieten und er zum Ausdruck bringt: »Ich empfinde ein unbestimmtes Unbehagen – als wollte ich vor dem weglaufen, was Sie sagen.« Dann ist es nicht nur angebracht, diesem Wunsch, wegzulaufen, nachzugehen, sondern auch ein solches Gewahrwerden von Gefühlen ausdrücklich zu ermutigen.

Man kann auch eine noch radikalere Methode wählen als nur die Ermutigung, Gefühle bewußt wahrzunehmen. Man kann darüber hinaus erklären: »Es wäre gut, wenn Sie das mehr empfinden würden« oder auch eine Frage nach solch einem Gefühl stellen. Wenn man das umfassende Bewußtwerden von Gefühlen ermutigt, bedeutet das letztendlich, einen Patienten zu ermutigen, mit einem bestimmten Gefühl zu leben. Nehmen Sie als Beispiel die Angst vor Kritik, die in einem Menschen auftaucht, der fest davon überzeugt ist, sehr unabhängig zu sein. Es ist nicht angenehm, in sich selbst die Angst vor Kritik erkennen zu müssen und auszuhalten. Die Ermutigung, ein bestimmtes Gefühl auszuhalten, ist eine gute Therapie. Wenn der Patient nach Ursachen suchen und seine Angst vor Kritik verstehen möchte, könnte der Analytiker ihm tatsächlich erklären, daß das wirkliche Erleben seiner Angst vor Kritik in seinem täglichen Leben von größter Wichtigkeit ist, daß er damit lebt und daß der Zeitpunkt kommen wird herauszufinden, was diese Angst bedeutet. Ein weiteres, von mir bereits erwähntes Beispiel betrifft den Patienten, dem klarwurde, daß bestimmte seiner Wutanfälle mit seinem mangelnden Durchsetzungsvermögen zu tun haben. Ich habe ihm gesagt, es wäre positiv, wenn er damit leben könnte, wenn er seine Wut empfinden könnte, wann immer sie auftaucht.

Natürlich ist das eine heikle Frage: Ist der Patient dazu in der Lage? Ist der Patient weit genug, um sich selbst zu akzeptieren? Ich denke, der entscheidende Faktor besteht darin, daß das Erleben frei ist von Beschönigung und Mißbilligung. Nebenbei bemerkt, in einer heutigen Sitzung habe ich etwas gesagt, wodurch die Analyse oder das

Bewußtmachen jener Faktoren veranschaulicht wird, die der Einsicht oder dem Gefühl hinderlich sind. Ich habe einer Patientin erklärt, daß es gut wäre, wenn sie sich ihrer beständigen Neigung zum Moralisieren bewußt würde, daß sie tatsächlich nichts empfinden könne, ohne ein Urteil darüber zu fällen: gut, schlecht, moralisch, unmoralisch und so weiter. Es wäre sehr hilfreich, wenn sie sich der Gefühle bewußt würde, mit ihnen leben und erleben würde, was sie wirklich fühlt. Das ist mir in den Sinn gekommen, weil wir durch diese Betonung des Fühlens, des Lebens mit etwas und seines Erlebens, von jeglicher Neigung zum Beurteilen befreit werden, die wohl mehr als alles andere in uns vorhanden ist. Selbst wenn wir keinerlei urteilende Haltung einnehmen, wird die simple Tatsache, daß wir die schlimmen Folgen von bestimmten Einstellungen analysieren, wie der Angst vor Kritik, welche Konsequenzen sich daraus ergeben oder was immer, den Patienten dazu veranlassen, unmittelbar zu empfinden: »Diese Angst vor Kritik ist also nicht gut.« Obwohl wir das Gefühl nicht mißbilligen, wird er glauben, daß wir es tun. Ohne es zu bemerken, moralisieren viele Analytiker noch viel zuviel. Das soll heißen, die Beurteilung von Dingen als gut oder schlecht vollzieht sich allzu automatisch. Durch diese Vorgehensweise einem selbst oder anderen gegenüber, nämlich zu erleben und zu fühlen, werden auf äußerst radikale Weise jegliche Beurteilungen aus dem Weg geräumt.

Karen Horney starb am 4. Dezember 1952.

Karen Horney – Erinnerungen
von Edward R. Clemmens

Dieser schmale Band von Karen Horneys Vorlesungen über die psychoanalytische Technik ist ein Beitrag zum Gedenken an die Gründerin der *Association for the Advancement of Psychoanalysis* und des *American Institute for Psychoanalysis*.[1] 35 Jahre sind vergangen, seit sie vor uns stand und ihre Gedanken in einer unnachahmlichen Art und Weise vortrug, an Syntax und Reinheit der Diktion wenig interessiert, um so mehr aber an dem, was sie zu sagen hatte, und daran, ihre Zuhörer miteinzubeziehen. Damals noch ein junger Ausbildungskandidat, gehörte ich zu den Teilnehmern eines Kurses, zu dem nur fortgeschrittene Ausbildungskandidaten zugelassen waren. Niemand von uns wußte oder vermutete auch nur, daß diese fünf Vorlesungen die letzten waren, die Karen Horney je halten würde. Von den geplanten fünfzehn weiteren Vorlesungen sind nur die Titel bekannt, die im Verzeichnis des Institutes veröffentlicht worden waren und an deren Inhalt sich nur jene Ausbildungskandidaten undeutlich erinnern, die zwei Jahre zuvor an einer ähnlichen Veranstaltung teilgenommen hatten. Zu jener Zeit wurden keine Aufzeichnungen vorgenommen. Die vorliegenden fünf Vorlesungen wurden auf Band aufgenommen, und darin liegt ihre Einzigartigkeit begründet.

Ich wußte nichts von ihrer Existenz, bis sie mir im vergangenen Sommer zugänglich gemacht wurden. Horneys Stimme zu vernehmen, war ein bewegendes Erlebnis für mich.

Karen Horney umgab eine Aura von Ganzheitlichkeit, von Bestimmtheit, völliger Hingabe und Engagement, von der Überzeugung, daß ihre Gedanken von Nutzen und wert waren, mit Kollegen und Studenten geteilt zu werden, weil ihre Kenntnis von Bedeutung ist, um jenen Menschen zu helfen, die in Not sind.

Viele Jahre bevor ich Karen Horney zum erstenmal sprechen hörte, hatte ich einige ihrer Bücher gelesen. Ich hatte sie »gefühlt« – eine Empfindung, die so viele ihrer Leser beschrieben haben –, das heißt, ich hatte das Gefühl, daß sie mich persönlich ansprach, daß sie die menschliche Natur genauer als andere Autoren erfaßte, daß sie keine distanzierte klinische Beobachterin war, sondern eine besorgte Freundin, die erpicht darauf war zu helfen.

Als ich sie zum erstenmal sprechen hörte, verstärkte sich dieser frühere Eindruck, doch er änderte sich auch ein wenig. Ihre Texte waren schließlich sorgfältig redigiert. Was immer in einem frühen Textentwurf an heiklem Material enthalten gewesen sein mochte, es war wahrscheinlich entfernt oder geändert worden. Die Gelassenheit und die Lebhaftigkeit ihrer Sprache – der Mangel an Förmlichkeit, ihr spontaner Humor – waren für mich eine Überraschung.

Gedruckte Worte haben ein Flair von Endgültigkeit. Karen Horneys Spontaneität in all ihrer Leibhaftigkeit war folglich so etwas wie ein Schock für mich.

Während der langen Jahre, seit sie von uns gegangen ist, habe ich den Kontakt zu ihren Gedanken nie verloren. Ihre Ideen haben meine Arbeit als Analytiker mehr als die eines anderen Menschen gelenkt. Ihre Studenten, die meine Lehrer wurden, haben mir ihre Gedanken auf vielfältige Art und Weise vermittelt, Gedanken, die durch den Filter des jeweiligen Verständnisses gegangen waren. Verschiedene Interpretationen haben zu einer Mannigfaltigkeit von Anschauungen geführt, sogar zu widersprüchlichen, in denen sich die Vorlieben derer widerspiegeln, die sie darbieten. Das ist das Schicksal vieler origineller Werke. Kommentare werden verfaßt, wenn die Ansicht des Begründers nicht mehr stichhaltig erscheint. Was einst ein lebendiger Gedanke war, versteinert. Penible Zergliederung führt zur Festsetzung einer dogmatischen Lehre, ein wahrhaft trauriges Schicksal.

Welches Glück also, daß uns Karen Horneys gesprochenes Wort noch erreichen kann. Selbst mit einigen technischen Unzulänglichkeiten ist es ein Schatz an frischer, unmittelbarer Ausdruckskraft. Der in diesem schmalen Band veröffentlichte Text hält sich so eng wie möglich an eine gewissenhafte Abschrift der Tonbandaufnahmen. Douglas H. Ingrams Überarbeitung zeugt von der größten Sorgfalt und Achtung gegenüber dem Original. Unnötige und überflüssige Wiederholungen wurden weggelassen, einige unverständliche Satzstrukturen entwirrt; viel mehr wurde nicht unternommen. Dennoch vermittelt das Lesen des gedruckten Textes ein anderes Bild als das Anhören der Bänder. Die Bänder sind näher an der Wirklichkeit, einer Realität, die vielleicht weniger perfekt, weniger glatt und eher suchend ist, aber auch authentischer. Karen Horneys Tonfall, ihre leicht ironische Manieriertheit gehen im gedruckten Text unweigerlich verloren. Hätte die heutige Technologie damals schon zur Verfügung gestanden, könnten wir Karen Horney vielleicht in einer Videoaufnahme sehen und hören. Allerdings entspricht keine Aufzeichnung dem Leben ganz. Etwas geht immer verloren.

Auf die Gefahr hin, Auseinandersetzungen zu provozieren, werde ich dieses schwer faßbare »Etwas« so beschreiben, wie ich es wahrgenommen habe. Ich werde nicht versuchen meine persönlichen Eindrücke zu objektivieren, nicht nur weil sie von anderen Kollegen, die Karen Horney kannten, vielleicht nicht geteilt werden, sondern weil ich glaube, daß meine subjektiven Eindrücke eben emotional befrachtete Erinnerungen sind, die nur mir gehören. Die Vielfältigkeit der Erinnerungen kann eine Bereicherung für uns alle sein, sofern wir in der Lage sind, Unterschiede und Meinungsverschiedenheiten zu tolerieren.

Karen Horneys Stil war mir äußerst vertraut. Ich habe sie nur Englisch sprechen hören, allerdings mit einem starken deutschen Akzent. Die Art, wie sie manche Wörter aussprach, glich der Diktion, die ich aus meiner eigenen Sprechweise zu verbannen suchte. Diese Vertrautheit ging jedoch über den Akzent hinaus. Ihre Manieriertheit war deutsch, die Art, wie sich ihre Stimme in einer raschen Aufeinanderfolge von »und so weiter, und so fort« verlor, die kaum merkliche Geste oder ein Nicken, mit denen sie die Zuhörer um Zustimmung bat (und gewöhnlich auch erhielt), selbst wenn einige Zuhörer nicht völlig verstanden hatten, womit sie sich einverstanden erklärten. Diese mitteleuropäische Art hatte nichts mit der ungebildeten Schwülstigkeit des Nazi-Gebarens zu tun. Im Gegenteil, es war die Leichtigkeit im eleganten Stil des kosmopolitischen Europas der Vorkriegszeit in höchster Vollendung, es war das Berlin der zwanziger Jahre. Horneys Stil war kultiviert, ohne prätentiös zu sein, klug und geistreich, auch unbefangen, ohne die schmerzhaften Narben, die den Fluch von unterdrückten Minderheiten ausmachen. Sie schien sich wohlzufühlen, wie sie war, eine Individualistin durch und durch, an Zeitströmungen und Ismen wenig interessiert.

Ich erinnere mich an eine Gelegenheit, als sie einen Vortrag hielt, nachdem sie einige Tage zuvor eine Ansprache J. Edgar Hoovers an eine Versammlung der Amerikanischen Psychiatrischen Vereinigung gehört hatte, in der Hoover die Psychiater an ihre Staatsbürgerpflichten erinnerte. Er erklärte seinen Zuhörern, sie seien als Psychiater in der einzigartigen Position, von ihren Patienten etwas über deren subversive Aktivitäten zu erfahren. Angesichts der seiner Meinung nach drohenden Gefahr kommunistischer Konspiration betrachtete Hoover es als patriotische Pflicht der Psychiater, das FBI über solche Enthüllungen zu unterrichten.

Karen Horney benutzte diese Gelegenheit nicht für eine leidenschaftliche Rede. Sie erklärte lediglich, daß dies eine Entscheidung sei, die jeder einzelne selbst zu treffen hätte, und daß sie lieber ins Gefängnis gehen würde, als das Vertrauen eines Patienten zu mißbrauchen. Sie hätte etwas darüber sagen können, wie dumm die Annahme sei, Verschwörer, Revolutionäre oder Spione seien auf der Couch der Analytiker zu finden. Sie hätte etwas über die Grausamkeit des nazistischen Polizeistaates, das kostbare Gut der Freiheit und ihre eigenen demokratischen Überzeugungen sagen können. Sie hat diese Punkte jedoch mit keinem Wort erwähnt. Das war einfach nicht ihr Stil; sie enthielt sich politischer Äußerungen.

Ich hatte das Gefühl, daß sie zu skeptisch war, um zu glauben, der Sieg irgendeiner politischen Richtung würde zu einer Art Paradies auf Erden führen. Sie hatte einige politische Systeme erlebt und war aus Erfahrung klug geworden. Nicht, daß sie müde geworden war! Im Gegenteil, sie hatte sich ihre jugendliche Vitalität, ihre Neugier und ihre Lebensfreude bewahrt. Sie ist nicht zur Zynikerin geworden.

Sie strahlte eine Natürlichkeit aus, eine Fähigkeit zu Freude und Begeisterung, die ansteckend wirkte. Ich glaube, daß eher diese Eigenschaften und nicht so sehr der intellektuelle Unterbau ihrer Theorien, ihren Erfolg als Analytikerin und Lehrerin begründeten und auch die Anziehungskraft, die sie auf die Laienöffentlichkeit ausübte. Sie hatte persönliche Ausstrahlung, unter Analytikern und vielleicht unter allen seriösen und engagierten Wissenschaftlern eine seltene Gabe.

Sie muß sich dessen bewußt gewesen sein, anders kann ich es mir nicht vorstellen. Die Beziehungen zu ihren Anhängern im Institut wurden gewiß durch diese Charakterzüge geprägt. Es gab keine Zweifel daran, daß sie die Hauptrolle beanspruchte. Das Institut wäre ohne sie undenkbar gewesen. Der Lehrkörper setzte sich aus einigen qualifizierten und engagierten Kollegen zusammen. Einige von ihnen leisteten bemerkenswerte eigene Beiträge. Der Erfolg ihrer Arbeit wurde indes daran gemessen, ob ihre Vorstellungen von Karen Horney akzeptiert wurden. Sie fällte das abschließende Urteil. Ihrer Meinung wurden Achtung und Respekt entgegengebracht, sie wurde nicht angegriffen und nur auf höchst maßvolle und vorsichtige Art und Weise in Frage gestellt.

Ich erinnere mich, daß ich mir die Frage stellte, wie Karen Horney es ertrug, eine so erhöhte Position einzunehmen. Eine Antwort lautet, daß sie ihren Anhängern an Kompetenz, Kreativität und Klugheit tatsächlich haushoch überlegen war. Andere waren ihr in der intellektuellen Begabung ebenbürtig oder sogar überlegen, eloquente Kollegen, die Karen Horney mit ihren rhetorischen Fähigkeiten eindeutig übertrafen. Einige Kollegen waren besser im Bereich des deduktiven Schlußfolgerns, ein Gebiet, in dem Horney sich nicht auszeichnete. Dennoch, niemand besaß die Kombination ihrer Talente.

Horney verfolgte aufmerksam die Diskussionen der Kollegen, konnte aber auch jene Punkte kurzerhand abtun, mit denen sie nicht einverstanden war, sogar indem sie erklärte, an diesen Ausführungen sei sie nicht sonderlich interessiert.

Nichtsdestoweniger zeigten sich auf vielfältige Art und Weise bestimmte Unsicherheiten, von denen einige auch in diesen Vorlesungen ziemlich deutlich werden. In der ersten Vorlesung schmeichelte sie ihren Zuhörern, indem sie vorschlug, den Kurs als ein »Forschungsprojekt« anzusehen. Sie erklärte jedoch nie, was sie mit dieser Bemerkung meinte, noch kam sie später darauf zurück. Ich dachte damals, und davon bin ich heute mehr denn je überzeugt, daß sie nicht ernsthaft hat glauben können, die Lehrveranstaltung könne auf wundersame Art und Weise das Format eines Forschungsprojektes erreichen. Auch die Beiträge der Kandidaten hatten überwiegend nicht das nötige Kaliber, um eine solche Umgestaltung zu gestatten. Ich vermute, daß Karen Horney bestenfalls die Intention verfolgen konnte, Enthusiasmus bei den Kandidaten zu wecken, deren schöpferische Kräfte zu ermutigen, selbst durch eine übertriebene Konzeption.

Jedem, der Karen Horney kannte, muß es sonderbar erscheinen, daß sie ihre erste Vorlesung beendete, ohne auf den Unterschied von begabten und weniger begabten Therapeuten einzugehen, und statt dessen die Bedeutung von Ausbildung betonte. Ich glaube, das ist ein unechtes Argument. Die beiden Punkte, wie sie von Horney dargestellt wurden, haben nicht die gleiche Ebene. Sie sind nicht relevant für einander. Nur wenige werden wohl bestreiten, daß die Menschen sich in ihren Begabungen enorm unterscheiden, sei es in Intelligenz, Wahrnehmungsvermögen, Sensibilität oder was auch immer. Wir alle profitieren von Ausbildung, vom Lernen, von der Vervollkommnung unseres Könnens. Dennoch bleiben Unterschiede bestehen, und es erscheint nicht sinnvoll, sie in Abrede stellen zu wollen.

Ich vermute, Horneys Motive, die Ausbildung über die angeborenen Fähigkeiten zu stellen, waren politischer Natur. Sie hatte ein Ausbildungsinstitut gegründet und betrachtete es als notwendig, ihre Studenten von der Bedeutung der Ausbildung zu überzeugen. Ausbildung ist eine Variable, Begabung dagegen nicht. Indem sie die Wichtigkeit von Ausbildung betonte, wollte sie womöglich alle ihre Studenten ermutigen. Die Begabung hervorzuheben, hätte einigen wenigen geschmeichelt und viele entmutigt. Dennoch, durch das Herunterspielen der Bedeutung von Begabung hat sie auch ihre eigene Begabung in den Hintergrund gestellt.

Bei einer anderen Gelegenheit hörte ich sie die Frage diskutieren, ob bestimmte Analytiker besser geeignet seien, bestimmte Patienten zu behandeln, ob es ein solches »Zusammenpassen« gäbe, einschließlich der Geschlechtszugehörigkeit von Patient und Analytiker. Karen Horney neigte dazu, das ganze Thema herunterzuspielen, indem sie statt dessen die Kompetenz und Rückhaltlosigkeit besonders betonte. Sie empfahl, die Abneigung eines neuen Patienten gegenüber dem Analytiker oder die Ablehnung eines männlichen Therapeuten bei Frauen sollten analysiert und nicht berücksichtigt werden. Mir erscheint diese Einstellung unnötig streng, da beide Ansätze ihre Vorzüge haben, einander nicht widersprechen und sich nicht gegenseitig ausschließen.

Das intuitive Erfassen der Bedeutungen und Zusammenhänge der Gefühle von Menschen war eine der eindrucksvollsten Stärken Karen Horneys. Sie hat tapfer darum gekämpft, eine zusammenhängende Theorie zu entwickeln, um ihren Erkenntnissen Struktur zu verleihen. Auch als ihr Wissen wuchs, hörte sie nie auf, ihre Theorien zu revidieren, und erhob nie den Anspruch, ihr Werk vollendet zu haben. Sie bekannte, daß es ihr schwerfiel, logische Strukturen zu definieren, wohingegen das intuitive Erfassen von Gefühlen und deren Bedeutung sich leicht und spontan einstellte. Daß es ihr dennoch gelang, ein konsistentes Begriffssystem zu entwickeln, läßt ihre Arbeit um so bewundernswerter erscheinen.

Darin liegt auch die Mahnung, daß Metapsychologie nicht der Weisheit letzter Schluß ist, daß es nicht ratsam ist, sich zu sehr auf Lehrsätze zu verlassen, als seien sie verläßlicher als Beobachtungen. In den Vorlesungen verwendet Karen Horney ihre eigenen Konzepte und Terminologie höchst sparsam – im Gegensatz zu ihren früheren und heutigen Anhängern, die zur Überstrapazierung neigen, als seien sie gegebene Tatsachen.

Karen Horney war ein freier Geist, in intensivem Kontakt mit sich selbst, eine ungeheuer talentierte Analytikerin, eine mutige Erneuerin, eine faszinierende Lehrerin, der man trotz ihrer bescheidenen rhetorischen Fähigkeiten lauschte. Sie bestritt – ohne Erfolg, meine ich – die Bedeutung von angeborenen Begabungen. Der immense Einfluß, den sie auf diejenigen ausübte, die ihr nahekamen, widerlegt auf höchst überzeugende Art und Weise ihre eigenen Behauptungen.

Anhang

Anmerkungen

Einführung

1 Die Liste der geplanten Vorlesungen, wie sie gemäß dem Institutsverzeichnis vorgesehen waren, macht deutlich, wie Karen Horney den Themenbereich definiert hat. Die Vorlesungen sollten folgende Reihenfolge haben:
   1. Freie Assoziation und der Gebrauch der Couch;
   2. Die Aufmerksamkeit des Analytikers;
   3. Spezifische psychoanalytische Mittel zum Verstehen des Patienten;
   4. Deutungen: Bedeutung und Ziele;
   5. Zeitpunkt der Deutungen;
   6. Stimmigkeit der Deutungen;
   7. Form und Geist der Deutungen;
   8. Die Reaktion des Patienten auf Deutungen: Gültigkeit;
   9. Intellektueller Prozeß oder emotionales Erleben;
   10. Hemmende Kräfte: Widerstände;
   11. Der Umgang mit Widerständen;
   12. , 13. Treibende Kräfte und Selbstverwirklichung;
   14. Die Einstellung des Patienten zum Analytiker;
   15. , 16. Die persönliche Bedeutung des Analytikers;
   17. Der Umgang mit Konflikten;
   18. Der Umgang mit zentralen inneren Konflikten;
   19. Kritische Situation: Ratschläge erteilen;
   20. Beurteilung des Fortschritts des Patienten: Beendigung.

Die in diesem Band mit dem Titel »Schwierigkeiten und Abwehrmaßnahmen« versehene Vorlesung entspricht wahrscheinlich der im Verzeichnis aufgeführten zehnten Vorlesung »Hemmende Kräfte: Widerstände«.

1. Die Aufmerksamkeit des Analytikers

1 Es war vielleicht Karen Horneys Absicht, den Kurs auf fortgeschrittene Ausbildungskandidaten zu beschränken. Tatsächlich haben aber viele andere teilgenommen, zu denen auch Dr. Clemmens gehörte, der in seiner Erinnerung feststellt, daß er damals noch ein junger Ausbildungskandidat war.

2 Seit Freuds Aufsatz aus dem Jahr 1912 »Ratschläge für den Arzt bei der psychoanalytischen Behandlung« war die Art der therapeutischen Aufmerksamkeit eine Angelegenheit von entscheidender Bedeutung. Er empfahl den Analytikern, eine »gleichschwebende Aufmerksamkeit« beizubehalten: »...man halte alle bewußten Einwirkungen von seiner Merkfähigkeit ferne und überlasse sich völlig seinem ›unbewußten Gedächtnisse‹, oder rein technisch ausgedrückt: Man höre zu und kümmere sich nicht darum, ob man sich etwas merke.«

Obwohl Horney in ihrer Betonung dieser Frage mit Freud übereinstimmt, ist ihre Auffassung doch umfassender. Horneys Interesse an Zen und den östlichen Philosophien findet seinen besonderen Ausdruck in der Frage nach der Aufmerksamkeit des Analytikers. Ganz ähnlich, wie sie auch davon überzeugt war, daß die heutige amerikanische Kultur eine andere Betrachtungsweise der menschlichen Psychologie erfordert als die von Freud vertretene, erkannte sie in der östlichen Kultur Anteile, die im Zusammenhang mit technischen Belangen von Nutzen sein können.

3 Der mit Horneys Werk vertraute Leser wird ohne weiteres den Bezug zu ihrer Theorie der Neurosen erkennen. Wer mit Horneys Ansichten nicht vertraut ist, sei auf ihre Bücher verwiesen, in denen sie ihre Theorie darlegt, vor allem *Neurose und menschliches Wachstum* (Fischer Taschenbuch 42143) und *Unsere inneren Konflikte* (Fischer Taschenbuch 42104).

4 Harold Kelman, M. D., war ein hervorragender Analytiker und Vertreter von Horneys Theorie. Seine Ansichten hat er in *Helping People*, New York 1971, dargestellt.

5 Die im vorliegenden Band enthaltenen Vorlesungen schließen nicht die Beobachtungen über die persönliche Bedeutung des Analytikers mit ein. In dem von der *Association for the Advancement of Psychoanalysis* veröffentlichten *American Journal of Psychoanalysis* werden Karen Horneys Ansichten über die analytische Technik dargestellt, wie sie aus den Aufzeichnungen von Studenten früherer Veranstaltungen abgeleitet werden konnten. Der Aufsatz »The Analyst's Personal Equation« von Louis Azorin wurde 1957 im *Journal* (17:34–8) veröffentlicht.

6 W. H. Hudson (1841–1922) war ein britischer Naturforscher und Schriftsteller, der, in Argentinien geboren, amerikanische Eltern hatte.

Seine zahlreichen Bücher offenbaren eine tiefe Sensibilität für das menschliche Leben wie für die Natur.

7 Horneys Bemerkungen zum Notizenmachen stimmen mit Freuds Ansichten überein. Wahrnehmung dessen, was sich in der Therapie abspielt, und Einordnung durch den Analytiker können für eine spätere Revision notiert werden, doch ist das Notizenmachen ein sehr untergeordnetes Werkzeug. Dennoch kommt es vor, daß im Verlauf der analytischen Ausbildung ein Kandidat aufgrund seiner gewissenhaften Einstellung dazu veranlaßt wird, sich übermäßig auf Notizen zu verlassen. Gewissenhaftigkeit, technisches Können und intuitives Verstehen sind von fundamentaler Bedeutung, nicht aber das Anlegen von Notizen. Diesen Grundelementen kann die Absicht entspringen, unabhängig voneinander sowohl ausgiebig Notizen zu machen als auch gute Resultate in der Therapie zu erzielen.

Obwohl man vermuten könnte, daß die Möglichkeit von Audio- und Videoaufnahmen das Thema Notizen überflüssig macht, war in der analytischen Gemeinschaft ein erheblicher Widerstand gegen neue Technologien zu beobachten. Die Berechtigung für dieses Widerstreben liegt in der Erkenntnis, daß die direkte, unmittelbare und vergängliche Natur von Kommunikation durch jedes Aufnahmegerät verändert wird. Die Person des Analytikers, sein Verstehen und seine Empathie, ist das einzige Instrument der therapeutischen Bemühungen. Nichtsdestotrotz sind Audio- und Videoaufnahmen in den Händen von bestimmten Lehrern und Therapeuten von erwiesenem Nutzen (vgl. zum Beispiel Ian Algers Artikel »Audio Visual Techniques in Psychotherapy« in *International Encyclopedia of Psychiatry, Psychology, Psychoanalysis, and Neurology*, New York 1977).

8 Harold G. Wolff hat in den dreißiger und vierziger Jahren im *Cornell Medical Center* gearbeitet. Seine Studien über die Wirkung von Emotionen auf die Produktion von Magensäure leisteten einen großen Beitrag zum Verständnis der Physiologie der Emotionen.

9 Die Validierung der therapeutischen Effektivität ist in der Psychotherapie ein beständiges Anliegen und wurde von zahlreichen Autoren untersucht. Karen Horney bietet keine Kontrollkategorien, um die Exaktheit der Interventionen des Analytikers zu ermitteln. Wenn wir die Vermutung anstellen, daß Therapie ein transaktiver Prozeß ist, wie John Spiegel in *Transactions* (New York 1971) hervorgehoben hat, dann ist der Sinn dessen, was gesagt und getan wird, eine Funktion des als Gesamtheit erlebten therapeutischen Systems. Die Beurteilung der Qualität dieses Systems, das *Gefühl* von der Arbeit in der Therapie, ist die Hauptdeterminante für die Exaktheit der Bemühungen des Therapeuten. Der Patient muß den Therapeuten als verständnisvoll erleben, wenn auch nicht wohlwollend gegenüber dem, was der Patient zu sagen hat.

Eine zweite bedeutsame Kontrollmöglichkeit für die Exaktheit der Interventionen des Analytikers besteht im Auftauchen und Akzeptieren von Einsichten beim Patienten. Sie werden integriert und haben zur Folge, daß sich das Spektrum dessen erweitert, was der Patient in die Therapiesitzungen einbringen kann. Die innere Welt von Selbst- und Objektrepräsentanzen, die kognitive und affektive Spannweite des Patienten vergrößert sich. Das neue Material, das sich spontan in Form von Phantasien, Träumen, Erinnerungen, Nuancierung des Gefühls und dem Bekenntnis von Einstellungen gegenüber dem Therapeuten äußert, erhellt überdies die Art der unbewußten Prozesse der Patienten. Daraus entsteht das wachsende Gefühl von Authentizität, das Gefühl, einen Mittelpunkt zu haben und die Befreiung von offenkundigen Symptomen.

Eine dritte Kontrollmöglichkeit ist das Erleben von Einsichten beim Analytiker, die den Patienten, den Verlauf der Therapie und sogar sich selbst betreffen. Das heißt, indem die kognitive und affektive Spannweite sich für den Patienten erweitert, vergrößert sie sich auch für den Analytiker in Verbindung mit dem Patienten.

Die vierte Kontrollmöglichkeit für die Exaktheit der Interventionen ist der Fortschritt des Patienten während der Therapie in konventionelleren Begriffen. Obwohl wir nach Beweisen für eine erweiterte innere Welt des Patienten suchen, müssen wir die Zusammenhänge sehen, die zwischen diesem inneren Wachstum und der Beziehung des Patienten zur äußeren Welt bestehen, vor allem im beruflichen, sozialen und Freizeitbereich.

10 In den Jahren vor den Arbeiten von Michael Polanyi und Thomas Kuhn, die beide viel zu unserer Neubewertung der Art des Wandels in der Wissenschaft beigetragen haben, war Karen Horneys Auseinandersetzung mit diesem Thema eher dürftig, verglichen mit heutigen Maßstäben. Für eine umfassende Darstellung der Frage nach der Psychoanalyse als Wissenschaft vgl. Arnold Modells Aufsatz »The Nature of Psychoanalytic Knowledge« in seinem Buch *Psychoanalysis in a New Context*, New York 1984. Siehe auch den Beitrag von Dr. Clemmens in diesem Band.

2. *Freie Assoziation und der Gebrauch der Couch*

1 Die Passage ist Eckermanns Beobachtungen entnommen, die er niederschrieb, als er Goethe auf dessen Italienreise begleitete. S. Johann Peter Eckermann, *Gespräche mit Goethe*, Deutscher Taschenbuch Verlag, München 1976, S. 499.

2 Erich Fromm »Die Gesellschaftliche Bedingtheit der Psychoanalytischen Therapie«, *Zeitschrift für Sozialforschung*, Bd. 4, Heft 3 (1935), S. 365–97.

3 Welche Witzeleien über die freie Assoziation Karen Horney im Sinn

hatte, ist nicht mehr festzustellen. Sie spielte wahrscheinlich auf das Paradoxe der »Grundregel« an. Für den Patienten in der Psychoanalyse bedeutet die Grundregel eine Verpflichtung, alles auszusprechen, was ihm in den Sinn kommt, also frei zu assoziieren. Wenn es eine Regel ist, absolut frei zu sprechen, wie ist dann diese Freiheit beschaffen?

4 Klarheit, Konkretheit und Angemessenheit der freien Assoziationen sind tatsächlich selten zu finden. Wenn die Äußerungen des Patienten gewollt und vorbereitet sind, verringert sich ihre Spontaneität, womöglich sogar ernstlich, wenn der Patient wirklich umständlich ist. Wenn die freie Assoziation spontan und anstrengungslos verläuft, ist Integrität höchsten Ausmaßes erforderlich, sollen die Äußerungen des Patienten über Ereignisse klar und genau sein.

3. Spezifische psychoanalytische Mittel zum Verstehen des Patienten

1 Es ist keine Veröffentlichung vorhanden, in der Karen Horney ihr Konzept des wiederkehrenden Musters von Assoziationen entwickelt. Im folgenden Abschnitt führt sie jedoch ein treffliches Beispiel solch einer sich wiederholenden Abfolge vor.
2 Horneys Konzept vom idealisierten Bild zeigt einige Übereinstimmungen mit dem von Heinz Kohut in *Die Heilung des Selbst*, Frankfurt am Main 1979, beschriebenen grandiosen Selbst. Für einen umfassenden Vergleich der verschiedenen Narzißmuskonzepte vgl. *The American Journal of Psychoanalysis* (1981), 41:289–355.
3 Im Englischen aus *Plays of Ibsen*, Bd. 3, übersetzt von Michael Meyer, New York 1986.

4. Schwierigkeiten und Abwehrmaßnahmen

1 Frieda Fromm-Reichmann gehörte zu den bedeutendsten Psychotherapeuten der Ära Karen Horneys. Sie arbeitete am *Chestnut Lodge* in Maryland überwiegend mit psychotischen Patienten. Sie verknüpfte die Ansichten von Freud und Harry Stack Sullivan. Vgl. *Principles of Intensive Psychotherapy*, Chicago 1950.
2 Obwohl Freuds grundlegende Beiträge zur Topographie des Unbewußten und zur Handhabung der psychoanalytischen Technik von Karen Horney hochgeschätzt wurden, stellte sie jedoch seine Schlußfolgerungen in dem Ausmaß in Frage, wie sie seine Theorie als biologistisch und zu sehr auf die angeborenen Triebe abhebend ansah. Vor allem Freuds Behauptung des Penisneides als der primären Determinante der weiblichen Psychologie lehnte sie ab, ebenso seine Orientierung an den Trieben, einschließlich der Libido und des Todestriebes und der Theorie

vom unbewältigten Ödipuskonflikt als dem vorrangigen Auslöser der Psychopathologie. Ihrer Meinung nach war seine Orientierung an den Trieben nicht gerechtfertigt und irreführend.

Auch das fundamentale Freudsche Konzept vom Wiederholungszwang, das besagt, infantile Traumata würden während des ganzen Lebens in verschleierter Form wiederholt, ließ nach Horneys Ansicht die gewichtige Tatsache außer acht, daß die Persönlichkeit sich entwickelt und verändert. Es erschien ihr sinnvoller, Neurose als kontinuierlichen Prozeß zu begreifen, als einen abweichenden Weg, der immer mehr Selbsttäuschung und unbewegte Abwehr erforderlich macht.

Horney unterscheidet sich von Freud auch in ihrem Beharren darauf, daß die Wissenschaft, einschließlich der Psychoanalyse, auch ethische Positionen mit einschließt. Der Psychoanalytiker muß sich seiner eigenen Überzeugungen und moralischen Grundsätze bewußt sein, sie von denjenigen des Patienten unterscheiden. Für Horney sind wir alle Kinder unserer Kultur. Freud kämpfte vergebens dafür, die Praxis der Psychoanalyse von moralischen Konzepten freizuhalten. Die gegenwärtige Philosophie bestätigt in zunehmendem Maße Horneys Ansicht, daß auch die reine Wissenschaft nicht frei von Wertvorstellungen ist.

Schließlich unterscheiden sich Freud und Horney in ihren Anschauungen von der Menschheit. Während Freud die Ansicht vertrat, der einzelne könne seine Triebe bestenfalls kanalisieren (sublimieren), war Karen Horney davon überzeugt, der Mensch könne seine konstruktiven Kräfte freisetzen, sich seiner Begrenzungen innerhalb des strukturierenden Rahmens der Kultur bewußt werden und voll und ganz am Prozeß der Selbstverwirklichung teilnehmen.

Karen Horneys Theorie, wie sie in ihrem Buch *Neue Wege in der Psychoanalyse* (Fischer Taschenbuch 42090) vorgestellt wird, hat Franz Alexander, ein bedeutender, allerdings abtrünniger Psychoanalytiker des klassischen Lagers der Freudianer, einer kritischen Würdigung unterzogen. Vgl. *The Scope of Psychoanalysis: Selected Papers of Franz Alexander, 1921–61*, New York 1961. Laut Jack L. Rubins in *Karen Horney: Gentle Rebel of Psychoanalysis*, New York 1978, S. 186, hat Alexander später eingeräumt, Karen Horneys Ansichten nicht gerecht geworden zu sein.

3 Diese Vorlesung unternimmt unter anderem den Versuch zu zeigen, daß das klassische analytische Konzept des Widerstandes weniger geeignet ist als die ungeteilte Aufmerksamkeit gegenüber der Frage, ob der Patient zu bestimmten Zeiten im Verlauf der analytischen Sitzungen eine Abwehrhaltung entwickelt. Horney benutzt den Begriff *obstruktive Kräfte* im Zusammenhang mit der Frage, auf welche Art die neurotischen Hemmungen im allgemeinen in Erscheinung treten, einschließlich der Frage, wie sie in den analytischen Sitzungen deutlich werden. Mit

anderen Worten, das Konzept der obstruktiven Kräfte scheint auf klarere Art und Weise Freuds Konzept vom Widerstand zu entsprechen. Horney stellt uns die Aufgabe, den Nutzen dessen in Betracht zu ziehen, was in verständlicher Sprache einfach als Abwehr bezeichnet wird.

5. *Intellektueller Prozeß oder emotionales Erleben*

1 Vgl. Sandor Ferenczi und Otto Rank: *Entwicklungsziele der Psychoanalyse; Zur Wechselbeziehung von Theorie und Praxis*, Wien-Leipzig-Zürich 1924.
2 Theodor Reik, *Surprise and the Psychoanalyst*, New York 1937.
3 Dieser Aufsatz »Dynamics of Multiple Personality« von John G. Lynne, findet sich in *The American Journal of Psychoanalysis*, 12 (1952), S. 95 f.
4 Alexander Reid Martin, M. D., war ein herausragender Lehrer und Lehranalytiker am *American Institute for Psychoanalysis*. Vgl. »Tribute to Alexander Reid Martin« in *The American Journal of Psychoanalysis*, 46 (1986), S. 91–121.
5 Ralph Harris, M. D., war Student und Kollege Karen Horneys. Der Aufsatz, auf den sie sich bezieht, »The Paucity of Inner Experiences« erschien in *The American Journal of Psychoanalysis*, 12 (1952), S. 3–9.
6 *Neurose und menschliches Wachstum*, S. 42.
7 Ebd., S. 122 ff.

Karen Horney – Erinnerungen

1 Zusammen mit Kollegen gründete Karen Horney 1941 die *Association for the Advancement of Psychoanalysis* und das *American Institute for Psychoanalysis*. Beide Organisationen, wie auch die Karen Horney-Klinik, die nach ihrem Tod gegründet worden ist, befinden sich in New York.

Danksagung

An der Vorbereitung dieses Buches haben viele Menschen mitgewirkt, so viele, daß ich kaum hoffen kann, allen gerecht zu werden. Karen Horneys Vorlesungen wurden von Marie Jinishian auf Tonband aufgenommen und der *Association for the Advancement of Psychoanalysis* freundlicherweise von Norman Keller, einem Mitglied und langjährigen Freund, überlassen. Dr. Kelman hat diesen von Karen Horney begonnenen Kurs schließlich zu Ende geführt. Die hochgeschätzte Psychoanalytikerin Marianne Horney-Eckhardt hat die Publikation des Manuskriptes wohlwollend unterstützt und geholfen, einige unklare Quellenangaben zu verifizieren. Doch erst die Hartnäckigkeit von Frederick Barnett und seine Überzeugung von der Bedeutung dieses Projekts haben die Leitung der Vereinigung dazu bewogen, die Abschrift und Veröffentlichung zu betreiben. Ich bin den damaligen und heutigen Direktoriumsmitgliedern für ihre Unterstützung und ihr Vertrauen in dieses Unternehmen dankbar: Jeffrey Rubin, Henry Paul, Daniel E. Cohen, Leland van den Daele, Leonidas Samouilidas, Joann Gerardi, Kenneth Winarick, James P. O'Hagan, Jeanne Smith, Leonel Urcuyo und Susan Rudnick. Ganz besonders danke ich Anne-Marie Paley, damals Präsidentin der Vereinigung, für ihre Anregung und ihre Unterstützung dieses Projekts. Arnold A. Mitchell hat viel zur Hilfe beigesteuert und nützliche Hinweise gegeben. Edward R. Clemmens' Würdigung von Horneys Sprache soll dazu beitragen, den Wert dieser Arbeit noch deutlicher hervorzuheben. Ich bin Dr. Paley, Dr. Mitchell und Dr. Clemmens dafür zu Dank verpflichtet, daß sie das Manuskript anhand der Originaltonbänder überprüft haben, um die Authentizität zu gewährleisten. Unser Lektor bei W. W. Norton and Company, Hilary Hinzmann, hatte die Geduld, das Wohlwollen und die Fähigkeiten, die notwendig sind, um ein solches Buch zu realisieren.
In oftmals entscheidender Weise haben auch noch andere geholfen: Herbert M. Rosenthal, Isidore Portnoy, Gerald T. Niles, Morris

Isenberg, Harriet Rossen, Philip Bromberg, Joyce Lerner, Barbara Frank, Alisa Chazani, Ronald S. Rauchberg und Morton B. Cantor. Dieses Buch ist meiner Frau Nancy gewidmet.

Douglas H. Ingram, M.D.
New York 1986

Namen- und Sachregister

Abwehr(en) 19, 55, 67
Abwehr einer Abwehr 64
Abwehrformen 62
Abwehrhaltung 60, 63 f., 95
Abwehrmaßnahmen 63 f., 66 f.
Agieren 51 f.
Alexander, Franz 95
Alger, Ian 92
»*Alte Mann und das Meer,
  Der*« (E. Hemingway) 26
*American Institute for
  Psychoanalysis* 83
Amerikanische Psychiatrische
  Vereinigung 85
Analysand s. Patient
Analytiker s. Psychoanalytiker
Ansprüche, neurotische 73 f.
»*Armut des inneren Erlebens, Die*«
  (K. Horney) 71, 75, 80
*Association for the Advancement of
  Psychoanalysis* 83
Assoziation, freie 18 f., 26, 32, 93
  d. Analytikers 15
  Bedeutung d. 26 f., 29
  Nutzen d. 28 f., 32, 41
  Qualität d. 33
  Schwierigkeiten mit d. 30 f.
Assoziationen
  Abfolge d. 41 f., 44, 46
  intuitive 51 f.
  Kontinuität d. 35 f.
  Muster, wiederkehrendes 41, 94
  Qualität d. 35 ff., 40, 94
  Veränderungen d. 38 f.
Assoziieren, pflichtbewußtes 35
Aufmerksamkeit 13 ff., 19 f., 22, 24,
  37, 40, 47, 91

gleichschwebende 91
Intensität d. 13 f., 22, 26
Produktivität d. 13, 20 ff., 53
u. Selektion 15 ff.
Störung d. 16 ff., 26
Umfänglichkeit d. 13, 15
Ausbildungskandidat(en) 12, 21,
  31, 53
Azorin, Louis 91

Bedürfnis(se), neurotische 59 f.
Befreiung, Gefühl v. 46 f., 73
  therapeutischer Nutzen 74–77
Beobachtungsfehler beim
  Analytiker 12, 19
Blockierung(en) 12, 54, 56 f., 67
  u. Abwehr 55
Buck, Pearl S. 62

Calvin, John 64
Couch, Verwendung d. 32 f.

Deutung(en) 13, 19, 58, 81
  Akzeptieren v. 54
  zu frühe 16 f.

Eckermann, Johann Peter 14, 25 f.,
  93
Effektivität, therapeutische 11, 13,
  92
Einsicht 69, 82
  Erleben v. 93
Entfremdung 66 f.
Erinnerung(en) 29, 46
Erleben in der Analyse 78, 80 f.
Erlebnis, emotionales 70 f., 74
  Bedeutung für die Analyse 70 f.

Erlebnisse(n), Wiedererleben v.
  infantilen 69
Externalisierung(en) 55, 67

Ferenczi, Sandor 69, 96
Freud, Sigmund 15, 27, 29, 32, 54,
  63, 69, 91, 94
Fromm, Erich 8, 27, 93
Fromm-Reichmann, Frieda 55, 94

Gefühl(e)
  Bedeutung im analytischen Prozeß
    69, 76 f.
  Verstehen von 47
  u. Wirklichkeitsgehalt 71
Gespräche mit Goethe
  (J. P. Eckermann) 25, 93
Goethe, Johann Wolfgang v. 14, 25
Grundregel 94

Harris, Ralph 96
Hemingway, Ernest 26
Homosexualität, passive 17
Hoover, J. Edgar 85
Hudson, William Henry 20, 75, 91
Hypnose 69

Ibsen, Henrik 51
Ich-Psychologie 8
Ignatius von Loyola 61
Ingram, Douglas H. 84
Intensität s. Aufmerksamkeit
Intuition u. Verstehen 50, 52 f.

Kelman, Harold 18, 70, 91
Kohut, Heinz 94
Kontrollanalytiker 11 f.
Kräfte im Patienten
  destruktive 56
  konstruktive 60 f., 76
  obstruktive 55 ff., 95 f.
Kuhn, Thomas 93
Kulturtheorie, interpersonale 7 f.

Leere, innere 67, 71, 75
Libido 94
Losgelöstsein 23
Lynne, John 70, 96

Machttrieb 64
Martin, Alexander Reid 70, 78, 96
Masochismus 65
Modell, Arnold 93

Narzißmus 55, 94
Neue Wege in der Psychoanalyse
  (K. Horney) 95
Neurose(n) 8, 56, 58, 61, 63, 65 f.
  u. Vitalität 75
Neurose und menschliches Wachstum
  (K. Horney) 56, 91
Notizenmachen 22, 92

Objektbeziehungen 8
Objektrepräsentanzen 93
Objektivität, wissenschaftliche 23 f.
Ödipuskonflikt 95

Patient(en)
  Aufgabe in der Analyse 26 ff.
  Beurteilung von 18
  Einstellung 19, 50, 57, 60, 62
  Erleben in der Analyse 78, 80 f.
  Ermutigung v. 80 f.
  Interesse 33 f., 54
  Produktivität 39
  Wachstum d. 56 f.
  Widersprüche bei 47 ff.
Penisneid 94
Polanyi, Michael 93
Produktivität s. Aufmerksamkeit
Psychiatrie, transkulturelle 8
Psychoanalyse
  Erleben in der 70 ff.
  Exaktheit d. 24, 92 f.
  als kooperatives Unternehmen 30,
    39, 53

Psychoanalyse (Fortsetzung)
  Wandel der 8
Psychoanalytiker, persönliche,
  neurotische Schwierigkeiten 12,
  14, 16, 19, 55
Psychologie, weibliche 8

Rank, Otto 69, 96
Rashomon (Film) 36
Rationalisierung(en) 39, 48
Reik, Theodor 69, 96
Rezeptivität, uneingeschränkte 15
Rubin, Jack L. 95

Sacher-Masoch, Alexander 65
Sadismus 65
Savonarola, Girolamo 65
Schwierigkeiten, neurotische 12, 57,
  60, 63, 67
  u. Abwehr 61
Selbst
  grandioses 94
  idealisiertes 8, 80
  tatsächliches 77
  wahres 77
Selbstakzeptanz 76 f., 80
Selbstanalyse 44, 73
Selbstanalyse (K. Horney) 56
Selbstidealisierung 66
Selbst-Psychologie 8
Selbstrepräsentanzen 93
Spiegel, John 92
Stolz 17, 60, 66
  neurotischer 8
Sullivan, Harry Stack 8, 94
Supervision, analytische 11 ff., 21,
  31, 53

Todestrieb 94
Technik, psychoanalytische 11, 13,
  27

Thompson, Clara 8
Traum / Träume 13, 19, 39, 46, 50
  Verstehen d. 47, 49
Trieb(e) 63 f.
  expansive 46
  leidenschaftliche 64
  u. Sinnhaftigkeit 65

»Über die soziale Signifikanz der
  analytischen Situation«
  (E. Fromm) 27
Überich 55
Überraschung, therapeutischer
  Effekt v. 69 f.
Umfänglichkeit s. Aufmerksamkeit
Unsere inneren Konflikte
  (K. Horney) 7, 65, 91

Verleugnung 66
Verstehen in der Psychoanalyse 13,
  23, 41, 47, 69
  automatisches 51
  von Gefühlen 47
  Intuition u. 50, 52 f.
  von Träumen 47, 49

Werte, subjektive 61, 64, 67
  abwehrende 64, 66
  beschützende 64, 66
  positive 64, 66
Widerstand 12, 40, 54 ff., 67, 95
Wiedererleben v. infantilen
  Erlebnissen 69
Wiederholungszwang 95
Widersprüche bei Patienten 47 ff.
Wildente (H. Ibsen) 51
Wolff, Harold G. 23, 92

Zen-Buddhismus 13, 23, 25 f., 91

Geist und Psyche
Begründet von Nina Kindler 1964

Karen Horney

Karen Horney (1885–1952), die aus Hamburg stammende Ärztin und Psychoanalytikerin, war Schülerin von Karl Abraham, emigrierte 1932 in die Vereinigten Staaten und leitete dort das American Insitute of Psychonanalysis. Als einer der Hauptvertreter der Neopsychoanalyse setzte sie sich intensiv mit den Erkenntnissen Freuds auseinander.

Der neurotische Mensch unserer Zeit
Band 42002

Karen Horney will ein genaues Bild des neurotischen Menschen zeichnen – mit seinen Konflikten, Ängsten, Leiden und vielerlei Schwierigkeiten, die er in seinen Beziehungen zu anderen und zu sich selbst hat.

Neue Wege in der Psychoanalyse
Band 42090

In dem vorliegenden Buch, durch das sie weltberühmt wurde, setzt sich die Autorin als Hauptvertreterin der Neopsychoanalyse kritisch mit den Erkenntnissen Freuds auseinander.

Unsere inneren Konflikte
Band 42104

Karen Horney ist der festen Überzeugung, daß jeder Mensch sich zeit seines Lebens ändern und an seiner Fortentwicklung weiterarbeiten kann. Insofern ist für sie die Therapie psychischer Störungen nicht bloß Symtombehandlung, sondern Persönlichkeitsbildung.

Neurose und menschliches Wachstum
Band 42143

In diesem Band erweitert die Autorin ihre Theorie von der Entstehung von Neurosen in der Weise, daß sie den neurotischen Prozeß als eine besondere Form der menschlichen Entwicklung, als die Antithese gesunden Wachstums sieht.

Fischer Taschenbuch Verlag

Geist und Psyche
Begründet von Nina Kindler 1964

Große Psychologen

Eric Berne
Was sagen Sie, nachdem Sie »Guten Tag« gesagt haben?
Band 42192
Struktur und Dynamik von Organisationen und Gruppen
Band 42201

Bruno Bettelheim
Aufstand gegen die Masse
Band 42217
Die Geburt des Selbst
Band 42247

Anna Freud
Das Ich und die Abwehrmechanismen
Band 42001
Einführung in die Technik der Kinderanalyse
Band 42111

Georg Groddeck
Der Mensch als Symbol
Band 42174

Karen Horney
Neurose und menschliches Wachstum
Band 42143
Unsere inneren Konflikte
Band 42104
Neue Wege in der Psychoanalyse
Band 42090
Der neurotische Mensch unserer Zeit
Band 42002
Die Psychologie der Frau
Band 42246

C. G. Jung
Welt der Psyche
Band 42010

Melanie Klein
Frühstadien des Ödipuskomplexes
Band 42268
Ein Kind entwickelt sich
Band 42222

Fischer Taschenbuch Verlag

Geist und Psyche
Begründet von Nina Kindler 1964

Große Psychologen

Melanie Klein
Die Psychoanalyse des Kindes
Band 42291

Fritz Morgenthaler
**Homosexualität,
Heterosexualität,
Perversion**
Band 42285

Fritz Morgenthaler,
Florence Weiss,
Marco Morgenthaler
**Gespräche am
sterbenden Fluß**
Band 42267

Erich Neumann
**Tiefenpsychologie
und neue Ethik**
Band 42005
**Ursprungsgeschichte
des Bewußtseins**
Band 42042
**Zur Psychologie des
Weiblichen**
Band 42051

Paul Parin, Fritz Morgenthaler,
Goldy Parin-Matthey
Die Weißen denken zuviel
Band 42079

Carl R. Rogers
Encounter-Gruppen
Band 42260
**Die klientenzentrierte
Gesprächspsychotherapie**
Band 42175
Die Kraft des Guten
Band 42271
**Die nicht-direktive
Beratung**
Band 42176
Partnerschule
Band 42236
Therapeut und Klient
Band 42250

D. W. Winnicott
**Von der Kinderheilkunde
zur Psychoanalyse**
Band 42249
**Reifungsprozesse und
fördernde Umwelt**
Band 42255
**Familie und individuelle
Entwicklung**
Band 42261

Fischer Taschenbuch Verlag

Geist und Psyche
Begründet von Nina Kindler 1964

Psychoanalyse

Hilda Abraham
Karl Abraham
Band 42213

Raymond Battegay
**Psychoanalytische
Neurosenlehre**
Band 42279

J. Cremerius /
Sven O. Hoffmann /
W. Trimborn
**Psychoanalyse, Über-Ich
und soziale Schicht**
Band 42206

Kurt R. Eissler
**Todestrieb, Ambivalenz,
Narzißmus**
Band 42208

Sándor Ferenczi
**Zur Erkenntnis
des Unbewußten**
und andere Schriften
zur Psychoanalyse
Band 42194

Anna Freud
**Das Ich und die
Abwehrmechanismen**
Band 42001
**Einführung in die Technik
der Kinderanalyse**
Band 42111

André Haynal
**Die Technik-Debatte
in der Psychoanalyyse**
Freud, Ferenczi, Balint
Band 42311

Werner W. Kemper
**Der Traum und
seine Be-Deutung**
Band 42184

Melanie Klein
Ein Kind entwickelt sich
Band 42222
**Die Psychoanalyse
des Kindes**
Band 42291

Thomas Köhler
**Abwege der
Psychoanalyse-Kritik**
Band 42318

Fischer Taschenbuch Verlag

Geist und Psyche
Begründet von Nina Kindler 1964

Psychoanalyse

Peter Kutter
**Psychoanalyse
in der Bewährung**
Band 42263

Peter Kutter / Jörg K. Roth
**Psychoanalyse an
der Universität**
Band 42228

Stavros Mentzos
**Neurotische
Konfliktverarbeitung**
Band 42239
Hysterie
Band 42212
Angstneurose
Band 42266

Humberto Nagera (Hg.)
**Psychoanalytische
Grundbegriffe**
Band 42288

Horst Petri
Angst und Frieden
Band 42294

Theodor Reik
**Die verschlungenen
Wege des Selbst**
Band 42235

Jürgen vom Scheidt
Der unbekannte Freud
Band 42292

Harold Stern
Die Couch
Band 42308

D. W. Winnicott
**Von der Kinderheilkunde
zur Psychoanalyse**
Band 42249
**Reifungsprozeß und
fördernde Umwelt**
Band 42255
**Familie und
individuelle Entwicklung**
Band 42261

Anton Zottl
Otto Rank
Band 42229

Fischer Taschenbuch Verlag

Geist und Psyche
Begründet von Nina Kindler 1964

Neuere Psychotherapien

Gaetano Benedetti
Der psychisch Leidende und seine Welt
Band 42139

Eric Berne
Was sagen Sie, nachdem Sie »Guten Tag« gesagt haben?
Band 42192
Struktur und Dynamik von Organisationen und Gruppen
Band 42201

Bruno Bettelheim
Aufstand gegen die Masse
Band 42217
Die Geburt des Selbst
Band 42247

Medard Boss
Sinn und Gehalt der sexuellen Perversionen
Band 42080

Hilde Bruch
Grundzüge der Psychotherapie
Band 42295

Gion Condrau
Einführung in die Psychotherapie
Band 42115

Gesellschaft für wissenschaftliche Gesprächstherapie
Die klientenzentrierte Gesprächspsychotherapie
Band 42149

Herbert Goetze/Wolfgang Jaede
Nicht direktive Spieltherapie
Band 42262

Martin Grotjahn
Kunst und Technik in der Analytischen Gruppentherapie
Band 42270

Institutsgruppe Psychologie der Universität Salzburg (Hg.)
Jenseits der Couch
Band 42264

Abraham A. Maslow
Psychologie des Seins
Band 42195

Gertrud Orff
Die Orff-Musik-Therapie
Band 42193

O. G. Wittgenstein
Märchen, Träume, Schicksale
Band 42300
**sagen – hören – sehen
Von den Entbindungen des Bewußtseins**
Band 42257

Fischer Taschenbuch Verlag

Geist und Psyche
Begründet von Nina Kindler 1964

Gruppenpsychoanalyse

Eric Berne
**Struktur und Dynamik
von Organisationen
und Gruppen**
Band 42201

Bruno Bettelheim
**Aufstand gegen
die Masse**
Band 42217

Gesellschaft für
wissenschaftliche
Gesprächstherapie
**Die klientenzentrierte
Gesprächspsychotherapie**
Band 42149

Martin Grotjahn
**Kunst und Technik
in der Analytischen
Gruppentherapie**
Band 42270

Peter Kutter/
Jörg K. Roth
**Psychoanalyse
an der Universität**
Band 42228

Joseph Luft
**Einführung in
die Gruppendynamik**
Band 42316

Horst Petri
Angst und Frieden
Band 42294

Hans G. Preuss
Ehepaartherapie
Band 42277

Harald Puhl
**Angst in Gruppen und
Institutionen.** Band 42304

Carl R. Rogers
Encounter-Gruppen
Band 42260
**Freiheit
und Engagement**
Personenzentriertes
Lehren und Lernen
Band 42320
Lernen in Freiheit
Band 42307
Partnerschule
Band 42236

Hans Strotzka
Macht
Ein psycho-
analytischer Essay
Band 42303

Ronald Wiegand
**Gemeinschaft
gegen Gesellschaft**
Band 42274

Fischer Taschenbuch Verlag

fi 485/6

Geist und Psyche
Begründet von Nina Kindler 1964

Psychologische Ratgeber

Gordon W. Allport
Werden der Persönlichkeit
Band 42127

Raymond Battegay
Psychoanalytische Neurosenlehre
Band 42279

Hellmuth Benesch (Hg.) u.a.
Psychologie-Lesebuch
Band 42310

Gerd Biermann (Hg.)
Handbuch der Kinderpsychotherapie
Band 42299

Robert Bossard
Traumpsychologie
Band 42301

Leon Chertok
Hypnose
Band 42102

Gion Condrau
Einführung in die Psychotherapie
Geschichte, Schulen, Methoden, Praxis
Ein Lehrbuch
Band 42115

Maurice Dongier
Neurosen
Band 42241

Hans Driesch
Parapsychologie
Band 42030

John Eccles / Hans Zeier
Gehirn und Geist
Band 42225

Viktor E. Frankl
Ärztliche Seelsorge
Band 42157

Anna Freud
Einführung in die Technik der Kinderanalyse
Band 42111

Fischer Taschenbuch Verlag

Geist und Psyche
Begründet von Nina Kindler 1964

Psychologische Ratgeber

Gesellschaft für
wissenschaftliche
Gesprächstherapie
**Die klientenzentrierte
Gesprächspsychotherapie**
Band 42149

Herbert Goetze /
Wolfgang Jaede
**Nicht direktive
Spieltherapie**
Band 42262

Gustav Hans Graber
Pränatale Psychologie
Band 42123

Martin Grotjahn
**Kunst und Technik
in der Analytischen
Gruppentherapie**
Band 42270

Tilmann Habermas
Heißhunger
Historische Bedingungen
der Bulimia nervosa
Band 42330

Annelise Heigl-Evers /
Franz Heigl
**Gelten und Geltenlassen
in der Ehe**
Band 42128

Lieben und Geliebtwerden in der Ehe
Band 42118

Robert Heiss
**Allgemeine
Tiefenpsychologie**
Band 42088

Werner W. Kemper
**Der Traum und
seine Be-Deutung**
Band 42184

Christa Kniffki
**Transzendentale
Meditation und
autogenes Training**
Band 42197

Fischer Taschenbuch Verlag

Geist und Psyche
Begründet von Nina Kindler 1964

Psychologische Ratgeber

Aloys Leber /
Hans-Georg Trescher /
Elise Weiss-Zimmer
**Krisen im
Kindergarten**
Psychoanalytische
Beratung in
pädagogischen
Institutionen
Band 42315

Humberto Nagera (Hg.)
**Psychoanalytische
Grundbegriffe**
Band 42288

Ann F. Neel
**Handbuch der
psychologischen Theorien**
Band 42251

Erving und Miriam Polster
Gestalttherapie
Band 42150

Hans G. Preuss
Ehepaartherapie
Band 42277

Carl R. Rogers
Encounter-Gruppen
Band 42260

Therapeut und Klient
Band 42250

Partnerschule
Band 42236

Walter J. Schraml
**Das psychodiagnostische
Gespräch**
Band 42305

Harold Stern
Die Couch
Band 42308

Daniel Widlöcher
Was eine Kinderzeichnung verrät
Band 42254

Hans Zulliger
**Heilende Kräfte
im kindlichen Spiel**
Band 42328

Fischer Taschenbuch Verlag

fi 356 / 3 c